# Kuzhina Mediteraneane
# Receta të Shijshme nga Bregdeti

## Elida Krasniqi

# përmbajtjen

Tagine marokene me perime .................................................................... 9

Sallata e qiqrave mbështjell me selino ................................................... 11

Hell perimesh të pjekura në skarë ........................................................... 12

Kërpudha Portobello të mbushura me domate ..................................... 14

Zarzavate luleradhiqe të zbehura me qepë të ëmbla ............................. 16

Selino dhe zarzavate mustardë ................................................................ 17

Përziejini me perime dhe tofu ................................................................. 18

Zoodles të thjeshta .................................................................................... 20

Kollade me thjerrëza dhe domate ........................................................... 21

Tas Vega Mesdhetare ................................................................................ 23

Perime të pjekura në skarë dhe mbështjellës humus ............................ 25

Bishtaja spanjolle ...................................................................................... 27

Lulelakra fshatare dhe karotë hash ......................................................... 28

Lulelakra dhe domate te pjekura ............................................................ 29

Kungull i pjekur acorn ............................................................................. 31

Spinaq i zier në avull me hudhër ............................................................ 33

Kungull i njomë i pjekur me hudhër dhe nenexhik ............................. 34

Bamje e pjekur .......................................................................................... 35

Speca të ëmbël të mbushur me perime .................................................. 36

Musaka me patëllxhanë ........................................................................... 38

Gjethet e rrushit të mbushura me bimë ................................................. 40

Role patëllxhani i pjekur në skarë ........................................................... 42

Kungulleshka krokante ............................................................................ 44

Pite me spinaq me djathë ......................................................................... 46

| | |
|---|---|
| Kafshimet e sanduiçit me kastravec | 48 |
| Dip me kos | 49 |
| Brusketa me domate | 50 |
| Domate të mbushura me ullinj dhe djathë | 52 |
| Piper Tapenade | 53 |
| Falafel koriandër | 54 |
| Humus me spec të kuq | 56 |
| Dip fasule të bardhë | 57 |
| Hummus me mish qengji të grirë | 58 |
| Dip patëllxhani | 59 |
| Fritters veggie | 60 |
| Qofte qengji bulgur | 62 |
| Kafshimet e kastravecit | 64 |
| Avokado e mbushur | 65 |
| Kumbulla të paketuara | 66 |
| Feta dhe angjinarja e marinuar | 67 |
| Kroket me ton | 68 |
| Salmon i tymosur Crudités | 70 |
| Ullinj turshi agrume | 71 |
| Ulliri Tapenade anchovies | 72 |
| Vezë djallëzore greke | 74 |
| krisur Mançego | 76 |
| Burrata Caprese Stack | 78 |
| Kungull i njomë-Ricotta i skuqur me Aioli limon-hudhër | 79 |
| Kastravec i mbushur me salmon | 81 |
| Djathë dhie dhe pate skumbri | 82 |
| Një shije e bombave yndyrore mesdhetare | 84 |

Avokado Gazpacho ...............................................................................85
Kupat e sallatës së kekut me gaforre ...................................................87
Mbulesa e sallatës me pulë portokalli-tarragon ....................................89
Kërpudha të mbushura me feta dhe kuinoa ........................................91
Falafel me pesë përbërës me salcë hudhër-kos ...................................93
Karkaleca limoni me vaj ulliri hudhër ...................................................95
Patate të skuqura me bathë jeshile me salcë limoni-kos ......................97
Patate të skuqura pita me kripë deti të bëra në shtëpi .........................99
Dip Spanakopita e skuqur ................................................................100
Dip qepë perla të pjekur ...................................................................102
Tapenadë me spec të kuq ................................................................104
Lëkurat greke të patates me ullinj dhe feta .......................................106
Pitta me angjinare dhe ullinj .............................................................108
Mini ëmbëlsira me gaforre .................................................................110
Kungull i njomë Feta Roulades .........................................................112
Kiflet me Pica Quinoa ........................................................................114
Bukë rozmarine-arre..........................................................................116
Crabby Panini i shijshëm ..................................................................119
Pica dhe pasta perfekte ...................................................................121
Modeli mesdhetar Margherita ..........................................................124
Pjesë pikniku portative të paketuara ................................................126
Fritata me kungull i njomë dhe majë domate ...................................127
Bukë me salcë kosi me banane ........................................................129
Bukë pita e bërë në shtëpi................................................................131
Sanduiçe me bukë të sheshtë ..........................................................133
Tas mezze me bukë zaatar pita të thekur .........................................135
Mini shawarma me pulë ...................................................................137

| | |
|---|---|
| Pica me patëllxhanë | 139 |
| Pica mesdhetare me drithëra të plota | 141 |
| Piqem me spinaq dhe feta pita | 142 |
| Feta me shalqi dhe pica balsamike | 144 |
| Hamburgerë të përzier pikante | 145 |
| Proshuto - Sallatë - Sanduiçe me domate dhe avokado | 147 |
| Byrek me spinaq | 149 |
| Burgera pule feta | 151 |
| Për tacot e derrit të pjekur | 153 |
| Tortë italiane me mollë - vaj ulliri | 155 |
| Tilapia e shpejtë me qepë të kuqe dhe avokado | 157 |
| Peshk i pjekur në skarë në limon | 159 |
| Fundjavë darkë me peshk të sheshtë | 161 |
| Shkopinj krokantë të peshkut polenta | 163 |
| Darka me tavë me salmon | 165 |
| Burgera toskan dhe kunguj të njomë | 167 |
| Kale siciliane dhe pjatë me tuna | 169 |
| Merak me merluc mesdhetar | 171 |
| Midhje të ziera në avull në salcë vere të bardhë | 173 |
| Karkaleca portokalli dhe hudhër | 175 |
| Gnocchi karkaleca të skuqura | 177 |
| Karkaleca pikante Puttanesca | 179 |
| Sanduiçe italiane me ton | 181 |
| Mbulesa e sallatës së salmonit me kopër | 183 |
| Byrek pice me molusqe të bardhë | 185 |
| Pjatë peshku me fasule të pjekur | 187 |
| Merak me merluc me kërpudha | 188 |

| | |
|---|---|
| Peshku shpatë pikant | 190 |
| Mania e makaronave me açuge | 192 |
| Makarona me karkaleca dhe hudhër | 193 |
| Salmoni me mjaltë me uthull | 195 |
| Ushqimi i peshkut portokalli | 196 |
| Zoodles karkaleca | 197 |
| Gjellë me troftë asparagus | 198 |
| Tun ulliri kale | 200 |
| Karkalecat pikante rozmarine | 202 |
| Salmoni me shparg | 204 |
| Sallatë me arra ton | 205 |
| Supë kremoze me karkaleca | 207 |
| Salmon pikant me quinoa perimesh | 209 |
| Troftë mustardë me mollë | 211 |
| Gnocchi me karkaleca | 213 |
| Karkaleca Saganaki | 215 |
| Salmoni i Mesdheut | 217 |

# Tagine marokene me perime

**Koha e përgatitjes: 20 minuta**

**Koha e GATIMIT**: 40 minuta

**Serbimet: 2**

**Niveli i vështirësisë: Mesatar**

**Përbërësit:**

- 2 lugë vaj ulliri
- ½ qepë, e prerë në kubikë
- 1 thelpi hudhër, e prerë
- 2 gota lulelakër lulesh
- 1 karotë mesatare, e prerë në copa 1 inç
- 1 filxhan patëllxhan të prerë në kubikë
- 1 kanaçe me lëng domate të plotë
- 1 (15 oz / 425 g) kanaçe qiqra
- 2 patate të vogla të kuqe
- 1 gotë ujë
- 1 lugë çaji shurup panje të pastër
- ½ lugë çaji kanellë
- ½ lugë çaji shafran i Indisë
- 1 lugë çaji qimnon
- ½ lugë çaji kripë
- 1-2 lugë çaji pastë harissa

**Itinerari:**

Në një furrë holandeze, ngrohni vajin e ullirit në nxehtësi mesatare-të lartë. Kaurdisni qepën për 5 minuta, duke e trazuar herë pas here, ose derisa qepa të jetë e tejdukshme.

Hidhni hudhrën, lulelakrën, karotat, patëllxhanin, domatet dhe patatet. Thyejmë domatet në copa më të vogla me një lugë druri.

Shtoni qiqrat, ujin, shurupin e panjës, kanellën, shafranin e Indisë, qimnonin dhe kripën dhe përzieni për t'u bashkuar. Lëreni të vlojë

Kur të jetë gati, zvogëloni nxehtësinë në mesatare-të ulët. Përzieni masën e harisës, mbulojeni dhe lëreni të ziejë për rreth 40 minuta, ose derisa perimet të zbuten. Shijoni dhe sezoni sipas shijes. Lëreni të pushojë përpara se ta shërbeni.

**Lëndët ushqyese (për 100 g):** 293 kalori 9,9 g yndyrë 12,1 g karbohidrate 11,2 g proteina 811 mg natrium

# Sallata e qiqrave mbështjell me selino

**Koha e përgatitjes: 10 minuta**

**Koha e GATIMIT**: 0 minuta

**Serbimet: 4**

**Niveli i vështirësisë: Lehtë**

**Përbërësit:**

- 1 (15 oz/425 g) kanaçe qiqra me pak natrium
- 1 kërcell selino, të prerë hollë
- 2 lugë qepë të kuqe të grirë
- 2 lugë tahini pa kripë
- 3 lugë mustardë mjaltë
- 1 lugë gjelle kaperi, të pakulluar
- 12 gjethe marule gjalpi

**Itinerari:**

Në një tas, qitni qiqrat me pure patatesh ose me pjesën e pasme të një piruni derisa të jenë përafërsisht të lëmuara. Shtoni në enë selinon, qepën e kuqe, tahinin, mustardën e mjaltit dhe kaperin dhe përzieni derisa të bashkohen mirë.

Për çdo shërbim, vendosni tre gjethe marule të mbivendosura në një pjatë dhe sipër me ¼ e mbushjes me pure të qiqrave, më pas rrotullojeni. Përsëriteni me gjethet e mbetura të marules dhe përzierjen e qiqrave.

**Lëndët ushqyese (për 100 g):** 182 kalori 7,1 g yndyrë 3 g karbohidrate 10,3 g proteina 743 mg natrium

## Hell perimesh të pjekura në skarë

**Koha e përgatitjes: 15 minuta**
**Koha e GATIMIT**: 10 minuta
**Serbimet: 4**
**Niveli i vështirësisë: Lehtë**

**Përbërësit:**

- 4 qepë të kuqe mesatare, të qëruara dhe të prera në 6 feta
- 4 kunguj të njomë mesatarë, të prerë në feta 1 inç të trasha
- 2 feta domate viçi, të prera në katër pjesë
- 4 speca zile të kuqe
- 2 speca zile portokalli
- 2 speca zile të verdha
- 2 lugë gjelle plus 1 lugë çaji vaj ulliri

**Itinerari:**

Ngrohni grilën në nxehtësi mesatare-të lartë. Hellni perimet në mënyrë alternative me qepë të kuqe, kunguj të njomë, domate dhe speca zile me ngjyra të ndryshme. I lyejmë me 2 lugë gjelle vaj ulliri.

Lyejini grilat me vaj ulliri me 1 lugë çaji vaj ulliri dhe grijini hellet e perimeve për 5 minuta. Kthejini hellet dhe piqini në skarë për 5 minuta të tjera ose derisa të gatuhen sipas dëshirës tuaj. Lërini hellet të ftohen për 5 minuta përpara se t'i shërbeni.

**Lëndët ushqyese (për 100 g):** 115 kalori 3 g yndyrë 4,7 g karbohidrate 3,5 g proteina 647 mg natrium

# Kërpudha Portobello të mbushura me domate

**Koha e përgatitjes: 10 minuta**

**Koha e GATIMIT**: 15 minuta

**Serbimet: 4**

**Niveli i vështirësisë: Mesatar**

**Përbërësit:**

- 4 kapele të mëdha kërpudhash portobello
- 3 lugë vaj ulliri ekstra të virgjër
- Kripë dhe piper të zi, për shije
- 4 domate të thata
- 1 filxhan djathë mocarela e grirë, e ndarë
- ½ deri në ¾ filxhan salcë domate me pak natrium

**Itinerari:**

Ngrohni paraprakisht broilerin në lartësi. Vendosni kapakët e kërpudhave në një tepsi të veshur me letër furre dhe spërkatni me vaj ulliri. Shtoni kripë dhe piper. Piqni për 1o minuta, duke e kthyer kapakun e kërpudhave deri në gjysmë, derisa pjesa e sipërme të skuqet.

E nxirrni nga furra. Hidhni 1 domate, 2 lugë djathë dhe 2-3 lugë salcë mbi çdo kapak kërpudhash. Kthejini kapakët e kërpudhave në brojler dhe ziejini për 2-3 minuta të tjera. Ftoheni për 5 minuta përpara se ta shërbeni.

**Lëndët ushqyese (për 100 g):** 217 kalori 15,8 g yndyrë 9 g karbohidrate 11,2 g proteina 793 mg natrium

# Zarzavate luleradhiqe të zbehura me qepë të ëmbla

**Koha e përgatitjes:** 15 minuta
**Koha e GATIMIT:** 15 minuta
**Serbimet:** 4
**Niveli i vështirësisë:** Lehtë

**Përbërësit:**

- 1 lugë gjelle vaj ulliri ekstra i virgjër
- 2 thelpinj hudhre, te grira
- 1 qepë Vidalia, e prerë hollë
- ½ filxhan supë perimesh me pak natrium
- 2 tufa me zarzavate luleradhiqe, të prera përafërsisht
- Piper i zi i freskët i bluar, për shije

**Itinerari:**

Ngrohni vajin e ullirit në një tigan të madh në zjarr të ulët. Shtoni hudhrën dhe qepën dhe gatuajeni për 2-3 minuta, duke i trazuar herë pas here ose derisa qepa të jetë e tejdukshme.

Shtoni lëngun e perimeve dhe zarzavatet e luleradhiqes dhe gatuajeni për 5-7 minuta derisa të veniten, duke i përzier shpesh. Spërkateni me piper të zi dhe shërbejeni të ngrohtë.

**Lëndët ushqyese (për 100 g):** 81 kalori 3,9 g yndyrë 4 g karbohidrate 3,2 g proteina 693 mg natrium

# Selino dhe zarzavate mustardë

**Koha e përgatitjes: 10 minuta**
**Koha e GATIMIT: 15 minuta**
**Serbimet: 4**
**Niveli i vështirësisë: Mesatar**

**Përbërësit:**

- ½ filxhan supë perimesh me pak natrium
- 1 kërcell selino, i prerë përafërsisht
- ½ qepë e ëmbël, e grirë hollë
- ½ spec i kuq i madh zile, i prerë në feta hollë
- 2 thelpinj hudhre, te grira
- 1 tufë zarzavate mustardë, të prera përafërsisht

**Itinerari:**

Hidheni lëngun e perimeve në një tigan të madh prej gize dhe vendoseni të ziejë mbi nxehtësinë mesatare. Përzieni selinon, qepën, piperin zile dhe hudhrën. Gatuani pa mbuluar për rreth 3-5 minuta.

Shtoni zarzavatet e mustardës në tigan dhe përziejini mirë. Ulni nxehtësinë dhe gatuajeni derisa lëngu të avullojë dhe zarzavatet të jenë tharë. Hiqeni nga zjarri dhe shërbejeni të ngrohtë.

**Lëndët ushqyese (për 100 g):** 39 kalori 3,1 g proteina 6,8 g karbohidrate 3 g proteina 736 mg natrium

# Përziejini me perime dhe tofu

**Koha e përgatitjes:** 5 minuta

**Koha e GATIMIT:** 10 minuta

**Serbimet:** 2

**Niveli i vështirësisë: Lehtë**

**Përbërësit:**

- 2 lugë vaj ulliri ekstra të virgjër
- ½ qepë e kuqe, e grirë hollë
- 1 filxhan lakër jeshile të copëtuar
- 8 oz (227 g) kërpudha, të prera në feta
- 8 oz (227 g) tofu, të prerë në copa
- 2 thelpinj hudhre, te grira
- Një majë me thekon piper të kuq
- ½ lugë çaji kripë deti
- 1/8 lugë çaji piper i zi i sapo bluar

**Itinerari:**

Gatuani vajin e ullirit në një tigan mesatar që nuk ngjit mbi nxehtësinë mesatare-të lartë derisa të vezullojë. Shtoni qepën, lakër jeshile dhe kërpudhat në tigan. Gatuani dhe përzieni në mënyrë të parregullt, ose derisa perimet të fillojnë të skuqen.

Shtoni tofun dhe skuqeni për 3-4 minuta derisa të zbutet. Hidhni hudhrën, thekonet e piperit të kuq, kripën dhe piperin e zi dhe gatuajeni për 30 sekonda. Lëreni të pushojë përpara se ta shërbeni.

**Lëndët ushqyese (për 100 g):** 233 kalori 15,9 g yndyrë 2 g karbohidrate 13,4 g proteina 733 mg natrium

## Zoodles të thjeshta

**Koha e përgatitjes: 10 minuta**
**Koha e GATIMIT**: 5 minuta
**Serbimet: 2**
**Niveli i vështirësisë: Lehtë**

**Përbërësit:**

- 2 lugë vaj avokado
- 2 kunguj të njomë të mesëm, të spiralizuara
- ¼ lugë çaji kripë
- Piper i zi i freskët i bluar, për shije

**Itinerari:**

Ngrohni vajin e avokados në një tigan të madh mbi nxehtësinë mesatare derisa të shkëlqejë. Shtoni në tigan petët e kungujve, kripën dhe piperin e zi dhe i hidhni të lyhen. Gatuani dhe përzieni vazhdimisht derisa të zbuten. Shërbejeni të ngrohtë.

**Lëndët ushqyese (për 100 g):** 128 kalori 14 g yndyrë 0,3 g karbohidrate 0,3 g proteina 811 mg natrium

# Kollade me thjerrëza dhe domate

**Koha e përgatitjes: 15 minuta**

**Koha e GATIMIT**: 0 minuta

**Serbimet: 4**

**Niveli i vështirësisë: Lehtë**

**Përbërësit:**

- 2 gota thjerrëza të gatuara
- 5 domate rome te prera ne kubik
- ½ filxhan djathë feta të grimcuar
- 10 gjethe të mëdha borziloku të freskët të prera hollë
- ¼ filxhan vaj ulliri ekstra të virgjër
- 1 luge uthull balsamike
- 2 thelpinj hudhre, te grira
- ½ lugë çaji mjaltë të papërpunuar
- ½ lugë çaji kripë
- ¼ lugë çaji piper i zi i sapo bluar
- 4 gjethe të mëdha kollare, kërcelli i hequr

**Itinerari:**

Bashkojmë thjerrëzat, domatet, djathin, gjethet e borzilokut, vajin e ullirit, uthullën, hudhrën, mjaltin, kripën dhe piperin e zi dhe i përziejmë mirë.

Vendosni gjethet e jakës në një sipërfaqe të sheshtë pune. Hidhni me lugë një sasi të barabartë të përzierjes së thjerrëzave në skajet e gjetheve. Rrotulloni dhe shërbejeni të prerë në gjysmë.

**Lëndët ushqyese (për 100 g):** 318 kalori 17,6 g yndyrë 27,5 g karbohidrate 13,2 g proteina 800 mg natrium

# Tas Vega Mesdhetare

**Koha e përgatitjes: 10 minuta**
**Koha e GATIMIT: 20 minuta**
**Serbimet: 4**
**Niveli i vështirësisë: Mesatar**

**Përbërësit:**

- 2 gota ujë
- 1 filxhan grurë bulgur #3 ose quinoa, i shpëlarë
- 1½ lugë çaji kripë, e ndarë
- 1 litër (2 gota) domate qershi, të përgjysmuara
- 1 spec i madh zile, i grirë
- 1 kastravec i madh, i prerë
- 1 filxhan ullinj kalamate
- ½ filxhan lëng limoni të saposhtrydhur
- 1 filxhan vaj ulliri ekstra të virgjër
- ½ lugë çaji piper i zi i sapo bluar

**Itinerari:**

Vendoseni ujin të vlojë në një tenxhere mesatare mbi nxehtësinë mesatare. Shtoni bulgurin (ose quinoan) dhe 1 lugë çaji kripë. Mbulojeni dhe gatuajeni për 15-20 minuta.

Për t'i renditur perimet në 4 tasa, ndani vizualisht çdo tas në 5 pjesë. Në një pjesë vendosim bulgurin e gatuar. Vazhdoni me domate, speca zile, tranguj dhe ullinj.

Përzieni lëngun e limonit, vajin e ullirit, ½ lugë çaji të mbetur kripë dhe piper të zi.

Hidhni me lugë salcën në mënyrë të barabartë në 4 tasat. Shërbejeni menjëherë ose mbulojeni dhe vendoseni në frigorifer për më vonë.

**Lëndët ushqyese (për 100 g):** 772 kalori 9 g yndyrë 6 g proteina 41 g karbohidrate 944 mg natrium

# Perime të pjekura në skarë dhe mbështjellës humus

**Koha e përgatitjes: 15 minuta**
**Koha e GATIMIT**: 10 minuta
**Serbimet: 6**
**Niveli i vështirësisë: Mesatar**

**Përbërësit:**

- 1 patëllxhan i madh
- 1 qepë e madhe
- ½ filxhan vaj ulliri ekstra të virgjër
- 1 lugë çaji kripë
- 6 mbështjellje lavash ose bukë të madhe pita
- 1 filxhan humus tradicional kremoz

**Itinerari:**

Ngrohni një skarë, një tigan të madh të skarës ose një tigan të madh të lyer me pak vaj mbi nxehtësinë mesatare. Pritini patëllxhanin dhe qepën në rrathë. Lyejmë perimet me vaj ulliri dhe i spërkasim me kripë.

Skuqini perimet nga të dyja anët, për rreth 3-4 minuta nga secila anë. Për të përgatitur mbështjellësin, shtroni lavashin ose pitën. Vendosni rreth 2 lugë humus në mbështjellës.

Ndani perimet në mënyrë të barabartë midis mbështjellësve, duke i vendosur ato në njërën anë të mbështjelljes. Mbyllni me kujdes anën e mbështjellësit me perimet, duke i futur brenda dhe duke bërë një mbështjellje të ngushtë.

Shtrojeni anën e tegelit poshtë dhe priteni në gjysmë ose në të tretat.

Ju gjithashtu mund ta mbështillni çdo sanduiç me mbështjellës plastik për të mbajtur formën e tij dhe ta hani më vonë.

**Lëndët ushqyese (për 100 g):** 362 kalori 10 g yndyrë 28 g karbohidrate 15 g proteina 736 mg natrium

# Bishtaja spanjolle

**Koha e përgatitjes: 10 minuta**

**Koha e GATIMIT**: 20 minuta

**Serbimet: 4**

**Niveli i vështirësisë: Lehtë**

**Përbërësit:**

- ¼ filxhan vaj ulliri ekstra të virgjër
- 1 qepë e madhe, e grirë hollë
- 4 thelpinj hudhre, te grira holle
- 1 kilogram bishtaja, të freskëta ose të ngrira, të copëtuara
- 1½ lugë çaji kripë, e ndarë
- 1 (15 ons) kanaçe domate të prera në kubikë
- ½ lugë çaji piper i zi i sapo bluar

**Itinerari:**

Ngrohni vajin e ullirit, qepën dhe hudhrën; Gatuani për 1 minutë. Pritini bishtajat në copa 2 inç. Shtoni bishtajat dhe 1 lugë çaji kripë në tenxhere dhe hidhini të bashkohen; Gatuani për 3 minuta.

Shtoni domatet e prera në kubikë, ½ lugë çaji të mbetur kripë dhe piper të zi; gatuajeni edhe për 12 minuta të tjera, duke e përzier herë pas here. Shërbejeni të ngrohtë.

**Lëndët ushqyese (për 100 g):** 200 kalori 12 g yndyrë 18 g karbohidrate 4 g proteina 639 mg natrium

# Lulelakra fshatare dhe karotë hash

**Koha e përgatitjes: 10 minuta**
**Koha e GATIMIT**: 10 minuta
**Serbimet: 4**
**Niveli i vështirësisë: Lehtë**

**Përbërësit:**

- 3 lugë vaj ulliri ekstra të virgjër
- 1 qepë e madhe, e grirë hollë
- 1 lugë hudhër, e grirë
- 2 gota karota, të prera në kubikë
- 4 filxhanë copa lulelakër, të lara
- 1 lugë çaji kripë
- ½ lugë çaji qimnon i bluar

**Itinerari:**

Ziejini vajin e ullirit, qepën, hudhrën dhe karotën për 3 minuta. Pritini lulelakrën në copa 1 inç ose të madhësisë së një kafshimi. Shtoni lulelakrën, kripën dhe qimnonin në tigan dhe i hidhni karotat dhe qepët.

Mbulojeni dhe gatuajeni për 3 minuta. Shtoni perimet dhe ziejini për 3-4 minuta të tjera. Shërbejeni të ngrohtë.

**Lëndët ushqyese (për 100 g):** 159 kalori 17 g yndyrë 15 g karbohidrate 3 g proteina 569 mg natrium

# Lulelakra dhe domate te pjekura

**Koha e përgatitjes: 5 minuta**

**Koha e GATIMIT**: 25 minuta

**Serbimet: 4**

**Niveli i vështirësisë: Mesatar**

**Përbërësit:**

- 4 gota lulelakër, të prera në copa 1 inç
- 6 lugë vaj ulliri ekstra të virgjër, të ndara
- 1 lugë çaji kripë, e ndarë
- 4 gota domate qershi
- ½ lugë çaji piper i zi i sapo bluar
- ½ filxhan djathë parmixhano të grirë

**Itinerari:**

Ngrohni furrën në 425°F. Shtoni lulelakrën, 3 lugë vaj ulliri dhe ½ lugë çaji kripë në një tas të madh dhe hidhini të mbulohen në mënyrë të barabartë. Vendoseni në një fletë pjekje të veshur me pergamenë në një shtresë të barabartë.

Në një enë tjetër të madhe, shtoni domatet, 3 lugët e mbetura vaj ulliri dhe ½ lugë çaji kripë dhe hidhini të lyhen në mënyrë të barabartë. Hidheni në një tepsi tjetër. Fletën e lulelakrës dhe domateve e vendosim në furrë për 17-20 minuta, derisa lulelakra të skuqet lehtë dhe domatet të jenë të shëndosha.

Me një shpatull hidhni lulelakrën në një tas, më pas hidhni sipër domate, piper të zi dhe djathë parmixhan. Shërbejeni të ngrohtë.

**Lëndët ushqyese (për 100 g):** 294 kalori 14 g yndyrë 13 g karbohidrate 9 g proteina 493 mg natrium

# Kungull i pjekur acorn

**Koha e përgatitjes: 10 minuta**

**Koha e GATIMIT**: 35 minuta

**Serbimet: 6**

**Niveli i vështirësisë: Mesatar**

**Përbërësit:**

- 2 kunguj acorn, të mesme në të mëdha
- 2 lugë vaj ulliri ekstra të virgjër
- 1 lugë çaji kripë, plus më shumë për erëza
- 5 lugë gjalpë pa kripë
- ¼ filxhan gjethe sherebele të copëtuara
- 2 lugë gjelle me gjethe të freskëta trumze
- ½ lugë çaji piper i zi i sapo bluar

**Itinerari:**

Ngrohni furrën në 400°F. Pritini kungujt e lisit përgjysmë për së gjati. Hiqni farat dhe pritini horizontalisht në feta ¾ inç të trasha. Në një tas të madh, hidhni kungujt me vaj ulliri, spërkatni me kripë dhe hidhini të lyhen.

Vendosni kungullin e lisit në një fletë pjekjeje. Vendosim fletën e pjekjes në furrë dhe pjekim kungujt për 20 minuta. Kthejeni kungullin me një shpatull dhe piqni edhe për 15 minuta të tjera.

Në një tenxhere të mesme shkrini gjalpin në zjarr mesatar. Shtoni sherebelën dhe trumzën tek gjalpi i shkrirë dhe lërini të gatuhen për 30 sekonda. Vendosni fetat e gatuara të kungujve në një pjatë. Hidhni me lugë përzierjen e gjalpit/barishtes mbi kungujt. I rregullojmë me kripë dhe piper të zi. Shërbejeni të ngrohtë.

**Lëndët ushqyese (për 100 g):** 188 kalori 13 g yndyrë 16 g karbohidrate 1 g proteina 836 mg natrium

# Spinaq i zier në avull me hudhër

**Koha e përgatitjes: 5 minuta**
**Koha e GATIMIT**: 10 minuta
**Serbimet: 4**
**Niveli i vështirësisë: Lehtë**

**Përbërësit:**

- ¼ filxhan vaj ulliri ekstra të virgjër
- 1 qepë e madhe e kuqe, e prerë hollë
- 3 thelpinj hudhër, të prera
- 6 (1 kilogram) thasë me spinaq bebe, të lara
- ½ lugë çaji kripë
- 1 limon i prere ne feta

**Itinerari:**

Gatuani vajin e ullirit, qepën dhe hudhrën në një tigan të madh për 2 minuta mbi nxehtësinë mesatare. Shtoni një qese me spinaq dhe ½ lugë çaji kripë. Mbulojeni tiganin dhe lëreni spinaqin të thahet për 30 sekonda. Përsëriteni (duke hequr kripën), duke shtuar 1 qese spinaq në të njëjtën kohë.

Kur të jetë shtuar i gjithë spinaqi, hiqeni kapakun dhe gatuajeni për 3 minuta, duke lejuar që një pjesë e lagështirës të avullojë. Shërbejeni të ngrohtë me lëkurë limoni sipër.

**Lëndët ushqyese (për 100 g):** 301 kalori 12 g yndyrë 29 g karbohidrate 17 g proteina 639 mg natrium

# Kungull i njomë i pjekur me hudhër dhe nenexhik

**Koha e përgatitjes: 5 minuta**
**Koha e GATIMIT**: 10 minuta
**Serbimet: 4**
**Niveli i vështirësisë: Lehtë**

**Përbërësit:**

- 3 kunguj të njomë të mëdhenj jeshilë
- 3 lugë vaj ulliri ekstra të virgjër
- 1 qepë e madhe, e grirë hollë
- 3 thelpinj hudhër, të prera
- 1 lugë çaji kripë
- 1 lugë çaji mente të thatë

**Itinerari:**

Pritini kungull i njomë në kubikë gjysmë centimetri. Ziejini vajin e ullirit, qepën dhe hudhrën për 3 minuta duke i përzier vazhdimisht.

Shtoni kungulleshkat dhe kripën në tigan dhe përziejini me qepën dhe hudhrën, gatuajeni për 5 minuta. Shtoni nenexhikun në tigan dhe përzieni. Gatuani edhe 2 minuta të tjera. Shërbejeni të ngrohtë.

**Lëndët ushqyese (për 100 g):** 147 kalori 16 g yndyrë 12 g karbohidrate 4 g proteina 723 mg natrium

## Bamje e pjekur

**Koha e përgatitjes: 55 minuta**

**Koha e GATIMIT:** 25 minuta

**Serbimet: 4**

**Niveli i vështirësisë: Lehtë**

**Përbërësit:**

- ¼ filxhan vaj ulliri ekstra të virgjër
- 1 qepë e madhe, e grirë hollë
- 4 thelpinj hudhre, te grira holle
- 1 lugë çaji kripë
- 1 kile bamje të freskëta ose të ngrira, të pastruara
- 1 (15 ons) mund të salcë domate të thjeshtë
- 2 gota ujë
- ½ filxhan cilantro e freskët, e copëtuar
- ½ lugë çaji piper i zi i sapo bluar

**Itinerari:**

Përziejmë dhe kaurdisim vajin e ullirit, qepën, hudhrën dhe kripën për 1 minutë. Përzieni bamjet dhe gatuajeni për 3 minuta.

Shtoni salcën e domates, ujin, korianderin dhe piperin e zi; përzieni, mbulojeni dhe lëreni të gatuhet për 15 minuta, duke e përzier herë pas here. Shërbejeni të ngrohtë.

**Lëndët ushqyese (për 100 g):** 201 kalori 6 g yndyrë 18 g karbohidrate 4 g proteina 693 mg natrium

# Speca të ëmbël të mbushur me perime

**Koha e përgatitjes: 20 minuta**

**Koha e GATIMIT**: 30 minuta

**Serbimet: 6**

**Niveli i vështirësisë: Mesatar**

**Përbërësit:**

- 6 speca zile te medha me ngjyra te ndryshme
- 3 lugë vaj ulliri ekstra të virgjër
- 1 qepë e madhe, e grirë hollë
- 3 thelpinj hudhër, të prera
- 1 karotë, e grirë hollë
- 1 (16 ons) kanaçe fasule garbanzo, të shpëlarë dhe të kulluar
- 3 gota oriz të zier
- 1½ lugë çaji kripë
- ½ lugë çaji piper i zi i sapo bluar

**Itinerari:**

Ngrohni furrën në 350°F. Sigurohuni që të zgjidhni speca që mund të qëndrojnë drejt. Prisni kapakët e specave, hiqni farat dhe ruani për më vonë. Vendosni specat në një tigan.

Ngrohni vajin e ullirit, qepën, hudhrën dhe karotën për 3 minuta. Përziejini fasulet garbanzo. Gatuani edhe 3 minuta të tjera. E heqim tiganin nga zjarri dhe i hedhim me lugë përbërësit e zier në një tas të madh. Shtoni orizin, kripën dhe piperin; hidheni së bashku.

Mbushni çdo spec deri në majë, pastaj vendosni përsëri kapakët e piperit. E mbulojmë tavën me letër alumini dhe e pjekim për 25 minuta. Hiqni folenë dhe piqni për 5 minuta të tjera. Shërbejeni të ngrohtë.

**Lëndët ushqyese (për 100 g):** 301 kalori 15 g yndyrë 50 g karbohidrate 8 g proteina 803 mg natrium

# Musaka me patëllxhanë

**Koha e përgatitjes: 55 minuta**

**Koha e GATIMIT**: 40 minuta

**Serbimet: 6**

**Niveli i vështirësisë: Vështirë**

**Përbërësit:**

- 2 patëllxhanë të mëdhenj
- 2 lugë çaji kripë, të ndara
- Spërkatje me vaj ulliri
- ¼ filxhan vaj ulliri ekstra të virgjër
- 2 qepë të mëdha, të prera në feta
- 10 thelpinj hudhre, te prera ne feta
- 2 kanaçe (15 ons) domate të prera në kubikë
- 1 (16 ons) kanaçe fasule garbanzo, të shpëlarë dhe të kulluar
- 1 lugë çaji rigon të tharë
- ½ lugë çaji piper i zi i sapo bluar

**Itinerari:**

Pritini patëllxhanin horizontalisht në disqe të rrumbullakëta ¼ inç të trashë. I spërkasim fetat e patëllxhanit me 1 lugë çaji kripë dhe i vendosim në një kullesë për 30 minuta.

Ngrohni furrën në 450°F. Lyejini fetat e patëllxhanit thajini me peshqir letre dhe spërkatini të dyja anët me vaj ulliri ose lyejini lehtë të dyja anët me vaj ulliri.

Vendosni patëllxhanin në një shtresë të vetme në një fletë pjekjeje. Vendoseni në furrë dhe piqni për 10 minuta. Më pas, duke përdorur një shpatull, ktheni fetat dhe piqini për 10 minuta të tjera.

Kaurdisni vajin e ullirit, qepën, hudhrën dhe 1 lugë çaji të mbetur kripë. Gatuani për 5 minuta, duke e përzier herë pas here. Shtoni domatet, fasulet garbanzo, rigonin dhe piperin e zi. Ziejini për 12 minuta duke e përzier në mënyrë të parregullt.

Në një tavë të thellë, filloni të shtroni shtresa, duke filluar nga patëllxhani dhe më pas salca. Përsëriteni derisa të përdoren të gjithë përbërësit. Piqeni në furrë për 20 minuta. Hiqeni nga furra dhe shërbejeni të ngrohtë.

**Lëndët ushqyese (për 100 g):** 262 kalori 11 g yndyrë 35 g karbohidrate 8 g proteina 723 mg natrium

# Gjethet e rrushit të mbushura me bimë

**Koha e përgatitjes: 50 minuta**
**Koha e GATIMIT**: 45 minuta
**Serbimet: 8**
**Niveli i vështirësisë: Mesatar**

**Përbërësit:**

- 2 gota oriz të bardhë, të shpëlarë
- 2 domate të mëdha, të prera
- 1 qepë e madhe, e grirë hollë
- 1 qepë jeshile, e grirë
- 1 filxhan majdanoz i freskët italian, i grirë hollë
- 3 thelpinj hudhër, të prera
- 2½ lugë çaji kripë
- ½ lugë çaji piper i zi i sapo bluar
- 1 (16 oz.) shishe gjethe rrushi
- 1 filxhan lëng limoni
- ½ filxhan vaj ulliri ekstra të virgjër
- 4-6 gota ujë

**Itinerari:**

Përzieni orizin, domatet, qepën, qepën e gjelbër, majdanozin, hudhrën, kripën dhe piperin e zi. Kullojini dhe shpëlajini gjethet e rrushit. Përgatitni një tenxhere të madhe duke vendosur një shtresë me gjethe rrushi në fund. Shtroni gjethet individuale dhe prisni kërcellet.

Vendosni 2 lugë gjelle përzierje orizi në fund të secilës gjethe. Palosni anët dhe më pas rrotullojeni sa më fort që të jetë e mundur. Vendosni gjethet e rrushit të mbështjellë në enë, duke renditur çdo gjethe rrushi të mbështjellë në një rresht. Vazhdoni shtresimin e gjetheve të rrushit të mbështjellë.

Hidhni me kujdes lëngun e limonit dhe vajin e ullirit mbi gjethet e rrushit dhe shtoni ujë aq sa të mbulojë gjethet e rrushit me 1 inç. Mbi gjethet e rrushit vendosim një pjatë të trashë, më të vogël se hapja e tenxhere, me kokë poshtë. Mbulojeni tenxheren dhe ziejini gjethet në nxehtësi mesatare-të ulët për 45 minuta. Lëreni të qëndrojë për 20 minuta para se ta shërbeni. Shërbejeni të ngrohtë ose të ftohtë.

**Lëndët ushqyese (për 100 g):**532 kalori 15 g yndyrë 80 g karbohidrate 12 g proteina 904 mg natrium

# Role patëllxhani i pjekur në skarë

**Koha e përgatitjes:** 30 minuta
**Koha e GATIMIT:** 10 minuta
**Serbimet: 6**
**Niveli i vështirësisë: Mesatar**

**Përbërësit:**

- 2 patëllxhanë të mëdhenj
- 1 lugë çaji kripë
- 4 ons djathë dhie
- 1 filxhan rikota
- ¼ filxhan borzilok të freskët, të copëtuar
- ½ lugë çaji piper i zi i sapo bluar
- Spërkatje me vaj ulliri

**Itinerari:**

Prisni pjesën e sipërme të patëllxhanit dhe prisni për së gjati në feta ¼ inç të trasha. I spërkasim fetat me kripë dhe e vendosim patëllxhanin në një kullesë për 15-20 minuta.

Rrihni djathin e dhisë, rikotën, borzilokun dhe piperin. Ngrohni paraprakisht një skarë, tigan ose tigan të lyer me pak vaj mbi nxehtësinë mesatare. Thajeni fetat e patëllxhanit dhe spërkatni lehtë me vaj ulliri. Vendoseni patëllxhanin në skarë, tigan ose tigan dhe gatuajeni për 3 minuta nga secila anë.

E heqim patëllxhanin nga zjarri dhe e lëmë të ftohet për 5 minuta.

Për role, vendosni një fetë patëllxhani të sheshtë, vendosni një lugë gjelle përzierje djathi në fund të fetës dhe rrotullojeni atë.

Shërbejeni menjëherë ose vendoseni në frigorifer derisa ta servirni.

**Lëndët ushqyese (për 100 g):** 255 kalori 7 g yndyrë 19 g karbohidrate 15 g proteina 793 mg natrium

# Kungulleshka krokante

**Koha e përgatitjes: 15 minuta**
**Koha e GATIMIT**: 20 minuta
**Serbimet: 6**
**Niveli i vështirësisë: Lehtë**

**Përbërësit:**

- 2 kunguj të njomë të mëdhenj jeshilë
- 2 lugë majdanoz italian i grirë hollë
- 3 thelpinj hudhër, të prera
- 1 lugë çaji kripë
- 1 filxhan miell
- 1 vezë e madhe, e rrahur
- ½ filxhan ujë
- 1 lugë çaji pluhur pjekjeje
- 3 gota vaj perimesh ose avokadoje

**Itinerari:**

Grini kungull i njomë në një tas të madh. Në tas shtoni majdanozin, hudhrën, kripën, miellin, vezën, ujin dhe pluhurin për pjekje dhe përzieni. Në një tenxhere të madhe ose tiganisje të thellë, ngrohni vajin në 365°F mbi nxehtësinë mesatare.

Masën e skuqur e hidhni në vaj të nxehtë një lugë e nga një. Duke përdorur një lugë të prerë, ktheni skuqjet dhe gatuajeni derisa të marrin ngjyrë kafe të artë, rreth 2 deri në 3 minuta. Kulloni patatet nga vaji dhe vendosini në një pjatë të veshur me peshqir letre. Shërbejeni të ngrohtë me tzatziki kremoze ose humus tradicional kremoz si dip.

**Lëndët ushqyese (për 100 g):** 446 kalori 2 g yndyrë 19 g karbohidrate 5 g proteina 812 mg natrium

# Pite me spinaq me djathë

**Koha e përgatitjes:** 20 minuta
**Koha e GATIMIT:** 40 minuta
**Serbimet:** 8
**Niveli i vështirësisë:** Vështirë

**Përbërësit:**

- 2 lugë vaj ulliri ekstra të virgjër
- 1 qepë e madhe, e grirë hollë
- 2 thelpinj hudhre, te prera
- 3 (1 kilogram) thasë me spinaq bebe, të lara
- 1 filxhan djath feta
- 1 vezë e madhe, e rrahur
- Fletët e pastiçerisë

**Itinerari:**

Ngrohni furrën në 375°F. Ngrohni vajin e ullirit, qepën dhe hudhrën për 3 minuta. Shtoni spinaqin në tigan një nga një qese, duke e lejuar atë të vyshket midis çdo qeseje. Hidheni me darë. Gatuani për 4 minuta. Kur spinaqi të jetë gatuar, hiqni lëngun e tepërt nga tigani.

Në një tas të madh përzieni djathin feta, vezën dhe spinaqin e zier. Shtroni petën e sferës në një banak. Pritini brumin në katrorë 3 inç. Vendosni një lugë gjelle nga përzierja e spinaqit në qendër të një katrori të pastave sfoliat. Palosni një cep të katrorit në këndin diagonal, duke formuar një trekëndësh. Palosni skajet e byrekut duke i shtypur me gishtat e një piruni për t'i mbyllur ato. Përsëriteni derisa të mbushen të gjitha katrorët.

Vendosini byrekët në një tepsi të veshur me letër furre dhe piqini për 25-30 minuta ose derisa të marrin ngjyrë kafe të artë. Shërbejeni të ngrohtë ose në temperaturë ambienti.

**Lëndët ushqyese (për 100 g):** 503 kalori 6 g yndyrë 38 g karbohidrate 16 g proteina 836 mg natrium

## Kafshimet e sanduiçit me kastravec

**Koha e përgatitjes: 5 minuta**

**Koha e GATIMIT**: 0 minuta

**Serbimet: 12**

**Niveli i vështirësisë: Lehtë**

**Përbërësit:**

- 1 kastravec i prerë në feta
- 8 feta bukë gruri integral
- 2 lugë krem djathi, i butë
- 1 lugë gjelle qiqra, të grira
- ¼ filxhan avokado, të qëruar, të papastër dhe të grirë
- 1 lugë çaji mustardë
- Kripë dhe piper të zi për shije

**Itinerari:**

Përhapeni avokadon e grirë në secilën fetë bukë dhe shpërndani pjesën tjetër të përbërësve, përveç fetave të kastravecit.

I ndajmë fetat e kastravecit në fetat e bukës, çdo fetë e presim në të tretat, i rregullojmë në një pjatë dhe i shërbejmë si meze.

**Lëndët ushqyese (për 100 g):** 187 kalori 12,4 g yndyrë 4,5 g karbohidrate 8,2 g proteina 736 mg natrium

# Dip me kos

**Koha e përgatitjes: 10 minuta**
**Koha e GATIMIT**: 0 minuta
**Serbimet: 6**
**Niveli i vështirësisë: Lehtë**

**Përbërësit:**

- 2 gota jogurt grek
- 2 lugë gjelle fëstëkë, të thekur dhe të grirë
- Një majë kripë dhe piper të bardhë
- 2 lugë mente, të prera
- 1 lugë gjelle ullinj kalamata pa kore dhe të grira
- ¼ filxhan erëza zaatar
- ¼ filxhan kokrra shege
- 1/3 filxhan vaj ulliri

**Itinerari:**

Kosin e përziejmë me fistikët dhe përbërësit e tjerë, e përziejmë mirë, e ndajmë në filxhanë të vegjël dhe e shërbejmë me patatina anash.

**Lëndët ushqyese (për 100 g):** 294 kalori 18 g yndyrë 2 g karbohidrate 10 g proteina 593 mg natrium

# Brusketa me domate

**Koha e përgatitjes: 10 minuta**

**Koha e GATIMIT**: 10 minuta

**Serbimet: 6**

**Niveli i vështirësisë: Lehtë**

**Përbërësit:**

- 1 bagutë, e prerë në feta
- 1/3 filxhan borzilok, i copëtuar
- 6 domate të prera në kubikë
- 2 thelpinj hudhre, te grira
- Një majë kripë dhe piper i zi
- 1 lugë çaji vaj ulliri
- 1 luge uthull balsamike
- ½ lugë çaji pluhur hudhër
- Spërkatje gatimi

**Itinerari:**

Vendosini fetat e baguettes në një tepsi të veshur me letër furre dhe lyejini me llak gatimi. Piqeni për 10 minuta në 400 gradë.

Përziejini domatet me borzilokun dhe përbërësit e tjerë, përziejini mirë dhe lërini të qëndrojnë për 10 minuta. Ndani përzierjen e domates në çdo fetë baguette, vendoseni në një pjatë dhe shërbejeni.

**Lëndët ushqyese (për 100 g):** 162 kalori 4 g yndyrë 29 g karbohidrate 4 g proteina 736 mg natrium

## Domate të mbushura me ullinj dhe djathë

**Koha e përgatitjes: 10 minuta**
**Koha e GATIMIT**: 0 minuta
**Serbimet: 24**
**Niveli i vështirësisë: Lehtë**

**Përbërësit:**

- 24 domate qershi, prisni pjesën e sipërme dhe hiqni nga brenda
- 2 lugë vaj ulliri
- ¼ lugë çaji thekon piper të kuq
- ½ filxhan djathë feta, i grimcuar
- 2 lugë pastë ulliri të zi
- ¼ filxhan nenexhik, i grisur

**Itinerari:**

Në një enë përziejmë pastën e ullirit me pjesën tjetër të përbërësve, përveç domateve qershi dhe përziejmë mirë. Mbushni domatet qershi me këtë përzierje, vendosini në një pjatë dhe shërbejini si meze.

**Lëndët ushqyese (për 100 g):** 136 kalori 8,6 g yndyrë 5,6 g karbohidrate 5,1 g proteina 648 mg natrium

## Piper Tapenade

**Koha e përgatitjes: 10 minuta**
**Koha e GATIMIT**: 0 minuta
**Serbimet: 4**
**Niveli i vështirësisë: Lehtë**

**Përbërësit:**

- 7 oce piper i kuq i pjekur, i prere ne kubik
- ½ filxhan parmezan, i grirë në rende
- 1/3 filxhan majdanoz, i grirë
- 14 ons angjinare të konservuara, të kulluara dhe të grira
- 3 lugë vaj ulliri
- ¼ filxhan kaperi, të kulluar
- 1 dhe ½ lugë lëng limoni
- 2 thelpinj hudhre, te grira

**Itinerari:**

Në një blender bashkojmë specin e kuq me parmixhanin dhe përbërësit e tjerë dhe pulsojmë mirë. Ndani në gota dhe shërbejeni si meze të lehtë.

**Lëndët ushqyese (për 100 g):** 200 kalori 5,6 g yndyrë 12,4 g karbohidrate 4,6 g proteina 736 mg natrium

# Falafel koriandër

**Koha e përgatitjes: 10 minuta**

**Koha e GATIMIT**: 10 minuta

**Serbimet: 8**

**Niveli i vështirësisë: Lehtë**

**Përbërësit:**

- 1 filxhan fasule garbanzo të konservuara
- 1 tufë gjethe majdanozi
- 1 qepë e verdhë, e grirë hollë
- 5 thelpinj hudhër, të prera
- 1 lugë çaji koriandër, i bluar
- Një majë kripë dhe piper i zi
- ¼ lugë çaji piper kajen
- ¼ lugë çaji sodë buke
- ¼ lugë çaji pluhur qimnoni
- 1 lugë çaji lëng limoni
- 3 lugë miell tapiokë
- Vaj ulliri për tiganisje

**Itinerari:**

Në një procesor ushqimi, kombinoni fasulet me majdanozin, qepën dhe të gjithë përbërësit e tjerë përveç vajit dhe miellit dhe përzieni mirë. E kalojmë masën në një enë, shtojmë miellin, e përziejmë mirë, nga kjo masë formojmë 16 topa dhe e rrafshojmë pak.

Ngroheni tiganin në zjarr mesatar në të lartë, shtoni gjysmat e falafelit, skuqini për 5 minuta nga të dyja anët, vendosini në një pecetë letre, kulloni yndyrën e tepërt, rregulloni në një pjatë dhe shërbejeni si meze.

**Lëndët ushqyese (për 100 g):** 122 kalori 6,2 g yndyrë 12,3 g karbohidrate 3,1 g proteina 699 mg natrium

# Humus me spec të kuq

**Koha e përgatitjes:** 10 minuta
**Koha e GATIMIT:** 0 minuta
**Serbimet:** 6
**Niveli i vështirësisë:** Lehtë

**Përbërësit:**

- 6 ons piper i kuq i pjekur, i qëruar dhe i copëtuar
- 16 ons qiqra të konservuara, të kulluara dhe të shpëlarë
- ¼ filxhan kos grek
- 3 lugë pastë tahini
- Lëng nga 1 limon
- 3 thelpinj hudhër, të prera
- 1 luge vaj ulliri
- Një majë kripë dhe piper i zi
- 1 lugë majdanoz, i grirë

**Itinerari:**

Në një procesor ushqimi, bashkoni specin e kuq me pjesën tjetër të përbërësve, përveç vajit dhe majdanozit, dhe skuqeni mirë. Shtoni vajin, hidheni sërish, ndajeni në gota, spërkatni sipër majdanozin dhe shërbejeni si gjysmë leckë.

**Lëndët ushqyese (për 100 g):** 255 kalori 11,4 g yndyrë 17,4 g karbohidrate 6,5 g proteina 593 mg natrium

## Dip fasule të bardhë

**Koha e përgatitjes: 10 minuta**
**Koha e GATIMIT**: 0 minuta
**Serbimet: 4**
**Niveli i vështirësisë: Lehtë**

**Përbërësit:**

- 15 oz kanaçe fasule të bardha, të kulluara dhe të shpëlarë
- 6 ons zemrat e angjinareve të konservuara, të kulluara dhe të prera në katër pjesë
- 4 thelpinj hudhër, të prera
- 1 lugë gjelle borzilok, i grirë
- 2 lugë vaj ulliri
- Lëng nga ½ limoni
- Lëkura e ½ limoni, e grirë
- Kripë dhe piper të zi për shije

**Itinerari:**

Në procesorin e ushqimit, bashkoni fasulet me angjinaret dhe pjesën tjetër të përbërësve përveç vajit dhe bishtajoreve. Gradualisht shtoni vajin, përzieni përsëri përzierjen, ndajeni në filxhanë dhe shërbejeni si dip feste.

**Lëndët ushqyese (për 100 g):** 27 kalori 11,7 g yndyrë 18,5 g karbohidrate 16,5 g proteina 668 mg natrium

# Hummus me mish qengji të grirë

**Koha e përgatitjes: 10 minuta**
**Koha e GATIMIT**: 15 minuta
**Serbimet: 8**
**Niveli i vështirësisë: Lehtë**

**Përbërësit:**

- 10 ons humus
- 12 ons mish qengji, bluar
- ½ filxhan kokrra shege
- ¼ filxhan majdanoz, i grirë
- 1 luge vaj ulliri
- Patate të skuqura pita për të shërbyer

**Itinerari:**

Ngroheni një tigan mbi nxehtësinë mesatare në të lartë, skuqni mishin dhe gatuajeni për 15 minuta, duke e përzier shpesh. Shtroni humusin në një pjatë, mbi të shtroni mishin e qengjit të grirë, mbi të lyeni kokrrat e shegës dhe majdanozin dhe më pas shërbejeni me patate të skuqura pite.

**Lëndët ushqyese (për 100 g):** 133 kalori 9,7 g yndyrë 6,4 g karbohidrate 5,4 g proteina 659 mg natrium

## Dip patëllxhani

**Koha e përgatitjes: 10 minuta**
**Koha e GATIMIT**: 40 minuta
**Serbimet: 4**
**Niveli i vështirësisë: Lehtë**

**Përbërësit:**

- 1 patëllxhan, të shpuar me një pirun
- 2 lugë pastë tahini
- 2 lugë gjelle lëng limoni
- 2 thelpinj hudhre, te grira
- 1 luge vaj ulliri
- Kripë dhe piper të zi për shije
- 1 lugë majdanoz, i grirë

**Itinerari:**

Vendoseni patëllxhanin në një enë pjekjeje, piqni në 400 F për 40 minuta, ftoheni, qëroni dhe transferojeni në procesorin e ushqimit. Me përjashtim të majdanozit, përzieni pjesën tjetër të përbërësve, përzieni mirë, ndajeni në tas të vegjël dhe shërbejeni si meze të spërkatur me majdanoz.

**Lëndët ushqyese (për 100 g):** 121 kalori 4,3 g yndyrë 1,4 g karbohidrate 4,3 g proteina 639 mg natrium

# Fritters veggie

**Koha e përgatitjes:** 10 minuta
**Koha e GATIMIT:** 10 minuta
**Serbimet:** 8
**Niveli i vështirësisë:** Lehtë

**Përbërësit:**

- 2 thelpinj hudhre, te grira
- 2 qepë të verdha, të grira hollë
- 4 qepe, të grira hollë
- 2 karota, të grira
- 2 lugë çaji qimnon, të bluar
- ½ lugë çaji pluhur shafran i Indisë
- Kripë dhe piper të zi për shije
- ¼ lugë çaji koriandër, i bluar
- 2 lugë majdanoz, të grirë
- ¼ lugë çaji lëng limoni
- ½ filxhan miell bajame
- 2 panxhar të qëruar dhe të grirë në rende
- 2 vezë, të rrahura
- ¼ filxhan miell tapioke
- 3 lugë vaj ulliri

**Itinerari:**

Në një enë përziejmë hudhrën me qepën, qepën dhe pjesën tjetër të përbërësve, përveç vajit, i përziejmë mirë dhe nga kjo masë formojmë tava të mesme.

Nxehni tiganin në nxehtësi mesatare në të lartë, sipër vendosini skuqjet, gatuajeni për 5 minuta nga secila anë, vendoseni në një pjatë dhe shërbejeni.

**Lëndët ushqyese (për 100 g):** 209 kalori 11,2 g yndyrë 4,4 g karbohidrate 4,8 g proteina 726 mg natrium

# Qofte qengji bulgur

**Koha e përgatitjes: 10 minuta**
**Koha e GATIMIT**: 15 minuta
**Serbimet: 6**
**Niveli i vështirësisë: Lehtë**

**Përbërësit:**

- 1 e ½ filxhan kos grek
- ½ lugë çaji qimnon, i bluar
- 1 filxhan kastravec, i prerë
- ½ lugë çaji hudhër, e grirë
- Një majë kripë dhe piper i zi
- 1 filxhan bulgur
- 2 gota ujë
- 1 kilogram mish qengji, i grirë
- ¼ filxhan majdanoz, i grirë
- ¼ filxhan qepe, të grira hollë
- ½ lugë çaji me aromë, të bluar
- ½ lugë çaji pluhur kanelle
- 1 luge vaj ulliri

**Itinerari:**

Përzieni bulgurin me ujin, mbulojeni tasin, lëreni të qëndrojë për 10 minuta, kullojeni dhe transferojeni në një enë. Shtojmë mishin, kosin dhe përbërësit e tjerë përveç vajit, i përziejmë mirë dhe nga kjo masë formojmë qofte të mesme. Nxehim tiganin në zjarr mesatar në të lartë, vendosim qoftet, gatuajmë për 7 minuta nga secila anë, vendosim në një pjatë dhe shërbejmë si meze.

**Lëndët ushqyese (për 100 g):** 300 kalori 9,6 g yndyrë 22,6 g karbohidrate 6,6 g proteina 644 mg natrium

# Kafshimet e kastravecit

**Koha e përgatitjes: 10 minuta**
**Koha e GATIMIT**: 0 minuta
**Serbimet: 12**
**Niveli i vështirësisë: Lehtë**

**Përbërësit:**

- 1 kastravec anglez, i prerë në 32 copa
- 10 ons humus
- 16 domate qershi të përgjysmuara
- 1 lugë majdanoz, i grirë
- 1 ons djathë feta, i grimcuar

**Itinerari:**

Përhapeni humusin në çdo rreth kastraveci, ndani gjysmat e domates, spërkatni me djathë dhe majdanoz dhe shërbejeni si meze.

**Lëndët ushqyese (për 100 g):** 162 kalori 3,4 g yndyrë 6,4 g karbohidrate 2,4 g proteina 702 mg natrium

# Avokado e mbushur

**Koha e përgatitjes: 10 minuta**
**Koha e GATIMIT**: 0 minuta
**Serbimet: 2**
**Niveli i vështirësisë: Lehtë**

**Përbërësit:**

- 1 avokado, të përgjysmuar dhe pa gropë
- 10 oz kanaçe ton, e kulluar
- 2 lugë gjelle domate të thara, të prera
- 1 dhe ½ lugë pesto borziloku
- 2 lugë ullinj të zinj, të prerë dhe të grirë
- Kripë dhe piper të zi për shije
- 2 lugë çaji me arra pishe, të thekura dhe të grira
- 1 lugë gjelle borzilok, i grirë

**Itinerari:**

Përzieni tonin me domatet e thara në diell dhe pjesën tjetër të përbërësve, përveç avokados dhe përzieni. Mbushni gjysmat e avokados me përzierjen e tonit dhe shërbejeni si meze.

**Lëndët ushqyese (për 100 g):** 233 kalori 9 g yndyrë 11,4 g karbohidrate 5,6 g proteina 735 mg natrium

# Kumbulla të paketuara

**Koha e përgatitjes: 5 minuta**

**Koha e GATIMIT**: 0 minuta

**Serbimet: 8**

**Niveli i vështirësisë: Lehtë**

**Përbërësit:**

- 2 oce proshuto, e prere ne 16 copa
- 4 kumbulla të prera në katër pjesë
- 1 lugë gjelle qiqra, të grira
- Një majë me thekon spec të kuq, të grimcuar

**Itinerari:**

Mbështilleni çdo çerek kumbulle me një fetë proshuto, vendoseni në një pjatë, spërkatni me qiqra dhe paprika dhe shërbejeni.

**Lëndët ushqyese (për 100 g):** 30 kalori 1 g yndyrë 4 g karbohidrate 2 g proteina 439 mg natrium

# Feta dhe angjinarja e marinuar

**Koha e përgatitjes**: 10 minuta plus 4 orë kohë joaktive

**Koha e GATIMIT**: 10 minuta

**Serbimet: 2**

**Niveli i vështirësisë: Lehtë**

**Përbërësit:**

- 4 ons feta tradicionale greke, e prerë në kube ½ inç
- 4 ons zemrat e kulluara të angjinares, të ndara në çerek për së gjati
- 1/3 filxhan vaj ulliri ekstra të virgjër
- Lëkura dhe lëngu i 1 limoni
- 2 lugë rozmarinë të freskët të grirë në mënyrë të trashë
- 2 lugë majdanoz të freskët të grirë në mënyrë të trashë
- ½ lugë çaji piper i zi

**Itinerari:**

Përzieni zemrat e fetës dhe angjinares në një tas qelqi. Shtoni vajin e ullirit, lëkurën dhe lëngun e limonit, rozmarinën, majdanozin dhe kokrrat e piperit dhe hidhini butësisht të lyhen, duke u kujdesur që feta të mos shkërmoqet.

Lëreni në frigorifer për 4 orë ose deri në 4 ditë. E nxirrni nga frigoriferi 30 minuta para se ta shërbeni.

**Lëndët ushqyese (për 100 g):** 235 kalori 23 g yndyrë 1 g karbohidrate 4 g proteina 714 mg natrium

# Kroket me ton

**Koha e përgatitjes**: 40 minuta, plus orë deri në natën për ftohje
**Koha e GATIMIT**: 25 minuta
**Serbimet**: 36
**Niveli i vështirësisë**: Vështirë

**Përbërësit:**

- 6 lugë vaj ulliri ekstra të virgjër, plus 1-2 filxhanë
- 5 lugë miell bajamesh plus 1 filxhan të ndarë
- 1¼ filxhan krem të rëndë
- 1 (4 oz.) kanaçe ton i verdhë në vaj ulliri
- 1 lugë qepë të kuqe të grirë
- 2 lugë çaji kaperi të grirë
- ½ lugë çaji kopër të thatë
- ¼ lugë çaji piper i zi i sapo bluar
- 2 vezë të mëdha
- 1 filxhan bukë panko (ose versioni pa gluten)

**Itinerari:**

Në një tigan të madh, ngrohni 6 lugë vaj ulliri mbi nxehtësinë mesatare-të ulët. Shtoni 5 lugë miell bajamesh dhe gatuajeni, duke e përzier vazhdimisht, derisa të bëhet një masë e butë dhe mielli të skuqet pak, 2-3 minuta.

Kthejeni nxehtësinë në mesatare në të lartë dhe përzieni gradualisht kremin e trashë, duke e përzier vazhdimisht, derisa të jetë plotësisht i qetë dhe i trashur, edhe 4-5 minuta të tjera. Hiqni dhe shtoni tonin, qepën e kuqe, kaperin, koprën dhe piperin.

Transferoni përzierjen në një enë pjekjeje katrore 8 inç të lyer mirë me vaj ulliri dhe lëreni mënjanë në temperaturën e dhomës. Mbështilleni dhe vendoseni në frigorifer për 4 orë ose deri në një natë. Vendosni tre tasa për të formuar kroketën. Rrihni vezët në një. Në një tjetër shtoni miellin e mbetur të bajames. Në të tretën shtoni pankon. Rreshtoni një tepsi me letër pjekjeje.

Hidhni rreth një lugë gjelle brumë të përgatitur të ftohtë në përzierjen e miellit dhe rrotullojeni për t'u lyer. Shkundni pjesën e tepërt dhe rrotullojeni në një formë ovale me duart tuaja.

Zhyteni kroketën në vezën e rrahur dhe më pas lyeni hollë me panko. Vendoseni në një tepsi të shtruar dhe përsëriteni me brumin e mbetur.

Në një tigan të vogël, ngrohni 1-2 gota të mbetura vaj ulliri në nxehtësi mesatare-të lartë.

Kur vaji të nxehet, kroketat i skuqim 3-4 herë në varësi të madhësisë së tiganit, më pas i heqim me një lugë të prerë derisa të marrin ngjyrë kafe të artë. Ju do të duhet të rregulloni temperaturën e vajit herë pas here për të shmangur djegien. Nëse kroketa merr shumë shpejt ngjyrë kafe të errët, ulni temperaturën.

**Lëndët ushqyese (për 100 g):** 245 kalori 22 g yndyrë 1 g karbohidrate 6 g proteina 801 mg natrium

# Salmon i tymosur Crudités

**Koha e përgatitjes: 10 minuta**

**Koha e GATIMIT**: 15 minuta

**Serbimet: 4**

**Niveli i vështirësisë: Lehtë**

**Përbërësit:**

- 6 ons salmon i egër i tymosur
- 2 lugë Aioli hudhër të pjekur
- 1 lugë gjelle mustardë Dijon
- 1 lugë qepë të grirë, vetëm pjesët jeshile
- 2 lugë çaji kaperi të copëtuar
- ½ lugë çaji kopër të thatë
- 4 shtiza endive ose zemra rome
- ½ kastravec anglez, i prerë në kubikë ¼ inç të trashë

**Itinerari:**

Prisni përafërsisht salmonin e tymosur dhe vendoseni në një tas të vogël. Shtoni aioli, Dijon, qepën, kaperin dhe koprën dhe përziejini mirë. Sipër shtizat endive dhe kastraveci me një lugë salmon të tymosur dhe shijojeni të ftohur.

**Lëndët ushqyese (për 100 g):** 92 kalori 5 g yndyrë 1 g karbohidrate 9 g proteina 714 mg natrium

# Ullinj turshi agrume

**Koha e përgatitjes: 4 orë**
**Koha e GATIMIT:** 0 minuta
**Serbimet: 2**
**Niveli i vështirësisë: Lehtë**

**Përbërësit:**

- 2 gota ullinj jeshil te perzier me fara
- ¼ filxhan uthull vere të kuqe
- ¼ filxhan vaj ulliri ekstra të virgjër
- 4 thelpinj hudhre, te grira holle
- Qëroni dhe lëngun e 1 portokallit të madh
- 1 lugë çaji thekon piper të kuq
- 2 gjethe dafine
- ½ lugë çaji qimnon i bluar
- ½ lugë çaji spec i grirë

**Itinerari:**

Përziejini ullinjtë, uthullën, vajin, hudhrën, lëvozhgën dhe lëngun e portokallit, thekonet e specit të kuq, gjethet e dafinës, qimonin dhe specin dhe përziejini mirë. Mbulojeni dhe vendoseni në frigorifer për 4 orë ose deri në një javë për të lejuar që ullinjtë të marinohen dhe hidhen përsëri përpara se t'i shërbeni.

**Lëndët ushqyese (për 100 g):** 133 kalori 14 g yndyrë 2 g karbohidrate 1 g proteina 714 mg natrium

# Ulliri Tapenade anchovies

**Koha e përgatitjes**: 1 orë 10 minuta

**Koha e GATIMIT**: 0 minuta

**Serbimet: 2**

**Niveli i vështirësisë: Mesatar**

**Përbërësit:**

- 2 filxhanë ullinj Kalamata pa fara ose ullinj të tjerë të zinj
- 2 fileto açuge, të grira
- 2 lugë çaji kaperi të copëtuar
- 1 thelpi hudhër, e grirë imët
- 1 e verdhë veze e zier
- 1 lugë çaji mustardë Dijon
- ¼ filxhan vaj ulliri ekstra të virgjër
- Crakerë me fara, rrota sanduiç të gjithanshëm ose perime për servirje (opsionale)

**Itinerari:**

Shpëlajini ullinjtë në ujë të ftohtë dhe kullojini mirë. Vendosni ullinjtë e kulluar, açugat, kaperin, hudhrën, të verdhën e vezës dhe Dijonin në një përpunues ushqimi, blender ose kavanoz të madh (nëse përdorni një blender dore). Punojeni derisa të përftohet një masë e trashë. Ndërsa vraponi, hidhni gradualisht vajin e ullirit.

Transferoni në një tas të vogël, mbulojeni dhe vendoseni në frigorifer për të paktën 1 orë në mënyrë që shijet të zhvillohen. Shërbejeni me krisur me fara, mbi një sanduiç të gjithanshëm ose me perimet tuaja të preferuara krokante.

**Lëndët ushqyese (për 100 g):** 179 kalori 19 g yndyrë 2 g karbohidrate 2 g proteina 82 mg natrium

# Vezë djallëzore greke

**Koha e përgatitjes: 45 minuta**

**Koha e GATIMIT**: 15 minuta

**Serbimet: 4**

**Niveli i vështirësisë: Lehtë**

**Përbërësit:**

- 4 vezë të mëdha të ziera
- 2 lugë Aioli hudhër të pjekur
- ½ filxhan djathë feta të grirë imët
- 8 ullinj Kalamata pa kore, te grira
- 2 lugë domate të thara në diell të copëtuara
- 1 lugë qepë të kuqe të grirë
- ½ lugë çaji kopër të thatë
- ¼ lugë çaji piper i zi i sapo bluar

**Itinerari:**

Pritini vezët e ziera në gjysmë për së gjati, hiqni të verdhat dhe vendosni të verdhat në një tas mesatar. Lëreni mënjanë gjysmën e të bardhëve të vezëve dhe lërini mënjanë. E shtypim mirë të verdhën me pirun. Shtoni aioli, feta, ullinjtë, domatet e thara, qepën, koprën dhe piperin dhe përziejini derisa të jenë të lëmuara dhe kremoze.

Hidhni me lugë mbushjen në gjysmën e secilës të bardhë veze dhe vendoseni në frigorifer të mbuluar për 30 minuta ose deri në 24 orë.

**Lëndët ushqyese (për 100 g):** 147 kalori 11 g yndyrë 6 g karbohidrate 9 g proteina 736 mg natrium

# krisur Mançego

**Koha e përgatitjes**: 1 orë 15 minuta
**Koha e GATIMIT**: 15 minuta
**Serbimet**: 20
**Niveli i vështirësisë**: Vështirë

**Përbërësit:**

- 4 lugë gjalpë, në temperaturë ambienti
- 1 filxhan djathë Manchego i grirë imët
- 1 filxhan miell bajame
- 1 lugë çaji kripë, e ndarë
- ¼ lugë çaji piper i zi i sapo bluar
- 1 vezë e madhe

**Itinerari:**

Duke përdorur një mikser elektrik, përzieni gjalpin dhe djathin e grirë derisa të kombinohen mirë dhe të jenë të lëmuara. Përzieni miellin e bajameve me ½ lugë çaji kripë dhe piper. Gradualisht shtoni përzierjen e miellit të bajameve në djathë dhe përzieni vazhdimisht derisa brumi të bashkohet dhe të formojë një top.

Vendosni një copë pergamenë ose mbështjellëse plastike dhe rrotullojeni në një trung rreth 1.5 inç të trashë. Mbylleni fort dhe ngrini për të paktën 1 orë. Ngrohni furrën në 350°F. Vendosni letër pjekjeje ose tepsi silikoni në 2 fletë pjekjeje.

Për larjen e vezëve, përzieni vezën dhe gjysmën e lugës së mbetur të kripës. Pritini brumin e ftohur në të vogla, përafërsisht. Pritini në copa të trasha ¼ inç dhe vendoseni në fletën e pjekjes së rreshtuar.

Lyejeni pjesën e sipërme të biskotave me vezë dhe piqini derisa biskotat të marrin ngjyrë kafe të artë dhe të skuqen. Vendoseni në një raft teli që të ftohet.

Shërbejeni të ngrohtë ose nëse ftohet plotësisht, ruajeni në një enë hermetike në frigorifer deri në 1 javë.

**Lëndët ushqyese (për 100 g):** 243 kalori 23 g yndyrë 1 g karbohidrate 8 g proteina 804 mg natrium

# Burrata Caprese Stack

**Koha e përgatitjes: 5 minuta**
**Koha e GATIMIT**: 0 minuta
**Serbimet: 4**
**Niveli i vështirësisë: Lehtë**

**Përbërësit:**

- 1 domate e madhe organike, mundësisht trashëgimi
- ½ lugë çaji kripë
- ¼ lugë çaji piper i zi i sapo bluar
- 1 (4 oz.) top djathë burrata
- 8 gjethe borziloku të freskët të prera hollë
- 2 lugë vaj ulliri ekstra të virgjër
- 1 lugë gjelle verë e kuqe ose uthull balsamike

**Itinerari:**

Pritini domatet në 4 feta të trasha, hiqni bërthamën e fortë qendrore dhe spërkatni me kripë dhe piper. Vendosni domatet, nga ana e pjekur lart, në një pjatë. Në një pjatë të veçantë me buzë, prisni burrata në 4 feta të trasha dhe vendosni një fetë sipër çdo fete domate. Vendosni një të katërtën e borzilokut sipër secilit dhe derdhni kremin e rezervuar burrata mbi pjatën me buzë.

Spërkateni me vaj ulliri dhe uthull dhe shërbejeni me pirun dhe thikë.

**Lëndët ushqyese (për 100 g):** 153 kalori 13 g yndyrë 1 g karbohidrate 7 g proteina 633 mg natrium

## Kungull i njomë-Ricotta i skuqur me Aioli limon-hudhër

**Koha e përgatitjes**: 10 minuta plus 20 minuta kohë pushimi
**Koha e GATIMIT**: 25 minuta
**Serbimet: 4**
**Niveli i vështirësisë: Vështirë**

**Përbërësit:**

- 1 kungull i njomë i madh ose 2 të vegjël/mesatarë
- 1 lugë çaji kripë, e ndarë
- ½ filxhan djathë rikota me qumësht të plotë
- 2 qepe
- 1 vezë e madhe
- 2 thelpinj hudhre, te grira holle
- 2 lugë mente të freskët të copëtuar (opsionale)
- 2 lugë çaji lëvore limoni të grirë
- ¼ lugë çaji piper i zi i sapo bluar
- ½ filxhan miell bajame
- 1 lugë çaji pluhur pjekjeje
- 8 lugë vaj ulliri ekstra të virgjër
- 8 lugë hudhër të pjekur Aioli ose majonezë me vaj avokado

**Itinerari:**

Vendosni kungulleshkat e grira në një kullesë ose në disa shtresa peshqirësh letre. Spërkateni me ½ lugë çaji kripë dhe lëreni të qëndrojë për 10 minuta. Shtypni kungull i njomë me një shtresë tjetër peshqirë letre për të hequr qafe lagështinë e tepërt, më pas thajini. Hidhni kungullin e kulluar, rikotën, qepët, vezët, hudhrën, nenexhikun (nëse përdorni), lëkurën e limonit dhe pjesën e mbetur të ½ lugë çaji kripë dhe piper.

Përzieni miellin e bajames dhe pluhurin për pjekje. Masën e miellit i shtojmë masës me kunguj të njomë dhe e lëmë të pushojë për 10 minuta. Skuqini skuqjet në një tigan të madh, duke punuar në katër tufa. Për çdo grumbull me katër, ngrohni 2 lugë vaj ulliri në nxehtësi mesatare-të lartë. Shtoni 1 lugë gjelle të grumbulluar brumë kungull i njomë për çdo vezë të fërguar dhe shtypni me pjesën e pasme të një luge për të formuar vezë të fërguara 2-3 inç. Mbulojeni dhe lëreni të gatuhet për 2 minuta përpara se ta ktheni. Piqni të mbuluar për 2-3 minuta të tjera, ose derisa të bëhen krokante dhe të marrin ngjyrë kafe të artë dhe të gatuhen. Ju mund të keni nevojë të zvogëloni nxehtësinë në mesatare për të shmangur djegien. Hiqeni nga tigani dhe mbajeni të ngrohtë.

Përsëriteni për tre tufat e mbetura, duke përdorur 2 lugë vaj ulliri për secilën grumbull. Shërbejeni skuqjen e ngrohtë me aioli.

**Lëndët ushqyese (për 100 g):** 448 kalori 42 g yndyrë 2 g karbohidrate 8 g proteina 744 mg natrium

# Kastravec i mbushur me salmon

**Koha e përgatitjes: 10 minuta**
**Koha e GATIMIT**: 0 minuta
**Serbimet: 4**
**Niveli i vështirësisë: Lehtë**

**Përbërësit:**

- 2 tranguj të mëdhenj, të qëruar
- 1 (4 oz.) kanaçe salmon i kuq
- 1 avokado mesatare shumë e pjekur
- 1 lugë gjelle vaj ulliri ekstra i virgjër
- Lëkura dhe lëngu i 1 lime
- 3 lugë gjelle koriandër të freskët të copëtuar
- ½ lugë çaji kripë
- ¼ lugë çaji piper i zi i sapo bluar

**Itinerari:**

Pritini kastravecin në feta 1 inç të trasha dhe, duke përdorur një lugë, hiqni farat nga qendra e secilës fetë dhe vendoseni në një pjatë. Në një tas mesatar, kombinoni salmonin, avokadon, vajin e ullirit, lëkurën dhe lëngun e limonit, cilantron, kripën dhe piperin dhe përziejini derisa të bëhen kremoze.

Hidhni me lugë përzierjen e salmonit në mes të çdo pjese të kastravecit dhe shërbejeni të ftohur.

**Lëndët ushqyese (për 100 g):** 159 kalori 11 g yndyrë 3 g karbohidrate 9 g proteina 739 mg natrium

## Djathë dhie dhe pate skumbri

**Koha e përgatitjes: 10 minuta**
**Koha e GATIMIT:** 0 minuta
**Serbimet: 4**
**Niveli i vështirësisë: Lehtë**

**Përbërësit:**

- 4 ons skumbri i kapur i egër i mbështjellë me vaj ulliri
- 2 ons djathë dhie
- Lëkura dhe lëngu i 1 limoni
- 2 lugë majdanoz të freskët të grirë
- 2 lugë rukola të freskëta të copëtuara
- 1 lugë gjelle vaj ulliri ekstra i virgjër
- 2 lugë çaji kaperi të copëtuar
- 1-2 lugë çaji rrikë të freskët (opsionale)
- Crackers, kastravec, shtiza endive ose selino për servirje (opsionale)

**Itinerari:**

Në një përpunues ushqimi, blender ose tas të madh, kombinoni skumbri, djathin e dhisë, lëkurën dhe lëngun e limonit, majdanozin, rukolën, vajin e ullirit, kaperin dhe rrikën (nëse përdorni). Përpunoni ose përzieni derisa të jetë e butë dhe kremoze.

Shërbejeni me krisur, kastravec, shtiza endive ose selino. Ruajeni të mbuluar në frigorifer deri në 1 javë.

**Lëndët ushqyese (për 100 g):** 118 kalori 8 g yndyrë 6 g karbohidrate 9 g proteina 639 mg natrium

## Një shije e bombave yndyrore mesdhetare

**Koha e përgatitjes**: 4 orë 15 minuta
**Koha e GATIMIT**: 0 minuta
**Serbimet: 6**
**Niveli i vështirësisë: Mesatar**

**Përbërësit:**

- 1 filxhan djathë dhie të grimcuar
- 4 lugë pesto në kavanoz
- 12 ullinj Kalamata pa kokrra, të grira
- ½ filxhan arra të grira hollë
- 1 lugë rozmarinë e freskët e copëtuar

**Itinerari:**

Në një enë mesatare rrahim djathin e dhisë, peston dhe ullinjtë dhe i përziejmë mirë me një pirun. Ngrijeni për 4 orë për tu vendosur.

Me duart tuaja, formoni përzierjen në 6 topa rreth ¾ inç në diametër. Përzierja do të jetë ngjitëse.

Vendosni arrat dhe rozmarinën në një tas të vogël dhe rrotulloni topat e djathit të dhisë në përzierjen e arrave për t'u veshur. Ruani bombat yndyrore në frigorifer deri në 1 javë ose në frigorifer deri në 1 muaj.

**Lëndët ushqyese (për 100 g):** 166 kalori 15 g yndyrë 1 g karbohidrate 5 g proteina 736 mg natrium

# Avokado Gazpacho

**Koha e përgatitjes: 15 minuta**

**Koha e GATIMIT**: 10 minuta

**Serbimet: 4**

**Niveli i vështirësisë: Lehtë**

**Përbërësit:**

- 2 gota domate të grira
- 2 avokado të mëdha të pjekura, të përgjysmuara dhe pa gropa
- 1 kastravec i madh, i qëruar dhe i prerë
- 1 piper zile mesatare (e kuqe, portokalli ose e verdhe), e grirë imet
- 1 filxhan jogurt grek me qumësht të plotë
- ¼ filxhan vaj ulliri ekstra të virgjër
- ¼ filxhan cilantro e freskët e copëtuar
- ¼ filxhan qepë të copëtuara, vetëm pjesë të gjelbra
- 2 lugë gjelle uthull vere të kuqe
- Lëng nga 2 lime ose 1 limon
- ½ deri në 1 lugë çaji kripë
- ¼ lugë çaji piper i zi i sapo bluar

**Itinerari:**

Duke përdorur një blender, kombinoni domatet, avokadon, kastravecin, specin zile, kosin, vajin e ullirit, cilantron, qepën, uthullën dhe lëngun e limonit. Përziejini derisa të jetë e qetë.

Spërkateni dhe përzieni për të kombinuar shijet. Shërbejeni të ftohtë.

**Lëndët ushqyese (për 100 g):** 392 kalori 32 g yndyrë 9 g karbohidrate 6 g proteina 694 mg natrium

# Kupat e sallatës së kekut me gaforre

**Koha e përgatitjes:** 35 minuta

**Koha e GATIMIT:** 20 minuta

**Serbimet:** 4

**Niveli i vështirësisë:** Mesatar

**Përbërësit:**

- 1 kilogram gaforre e madhe
- 1 vezë e madhe
- 6 lugë Aioli hudhër të pjekur
- 2 lugë mustardë Dijon
- ½ filxhan miell bajame
- ¼ filxhan qepë të kuqe të grirë
- 2 lugë çaji paprika të tymosur
- 1 lugë çaji kripë selino
- 1 lugë çaji hudhër pluhur
- 1 lugë çaji kopër të thatë (opsionale)
- ½ lugë çaji piper i zi i sapo bluar
- ¼ filxhan vaj ulliri ekstra të virgjër
- 4 gjethe të mëdha marule Bibb, gjemba të trasha të hequra

**Itinerari:**

Vendoseni mishin e gaforres në një tas të madh dhe zgjidhni lëvozhgat e dukshme, më pas copëtoni mishin me një pirun. Në një tas të vogël përziejmë vezën, 2 lugë aioli dhe mustardën Dijon. Shtoni në mishin e gaforreve dhe përzieni me një pirun. Shtoni miellin e bajameve, qepën e kuqe, paprikën, kripën e selinos, hudhrën pluhur, koprën (nëse përdorni), piperin dhe përziejini mirë. Lëreni të pushojë në temperaturën e dhomës për 10-15 minuta.

Formoni 8 kek të vegjël, rreth 2 inç në diametër. Ngrohni vajin e ullirit në nxehtësi mesatare-të lartë. Piqni ëmbëlsirat për 2-3 minuta nga secila anë derisa të marrin ngjyrë kafe të artë. Mbulojeni, ulni nxehtësinë në minimum dhe gatuajeni edhe për 6-8 minuta të tjera, ose derisa të vendoset në qendër. Hiqeni nga tigani.

Për t'i shërbyer, mbështillni 2 ëmbëlsira të vogla me gaforre në secilën gjethe marule dhe sipër me 1 lugë gjelle aioli.

**Lëndët ushqyese (për 100 g):** 344 kalori 24 g yndyrë 2 g karbohidrate 24 g proteina 804 mg natrium

# Mbulesa e sallatës me pulë portokalli-tarragon

**Koha e përgatitjes:** 15 minuta
**Koha e GATIMIT:** 0 minuta
**Serbimet:** 4
**Niveli i vështirësisë:** Lehtë

**Përbërësit:**

- ½ filxhan kos grek me qumësht të plotë
- 2 lugë mustardë Dijon
- 2 lugë vaj ulliri ekstra të virgjër
- 2 lugë gjelle tarragon të freskët
- ½ lugë çaji kripë
- ¼ lugë çaji piper i zi i sapo bluar
- 2 filxhanë pule të grirë të gatuar
- ½ filxhan bajame të prera në feta
- 4-8 gjethe të mëdha marule Bibb, kërcelli të fortë të hequr
- 2 avokado të vogla të pjekura, të qëruara dhe të prera hollë
- 1 klementinë ose lëvozhgën e ½ portokalli të vogël (afërsisht 1 lugë gjelle)

**Itinerari:**

Në një enë mesatare, bashkoni kosin, mustardën, vajin e ullirit, tarragonin, lëkurën e portokallit, kripën dhe piperin dhe përziejini derisa të bëhen kremoze. Shtoni gjoksin e pulës të grirë dhe bajamet dhe përzieni.

Për të mbledhur mbështjelljet, vendosni rreth ½ filxhan të përzierjes së sallatës së pulës në qendër të çdo gjetheje marule dhe sipër me avokado të prerë në feta.

**Lëndët ushqyese (për 100 g):** 440 kalori 32 g yndyrë 8 g karbohidrate 26 g proteina 607 mg natrium

# Kërpudha të mbushura me feta dhe kuinoa

**Koha e përgatitjes: 5 minuta**
**Koha e GATIMIT**: 8 minuta
**Serbimet: 6**
**Niveli i vështirësisë: Mesatar**

**Përbërësit:**

- 2 lugë piper të kuq të grirë hollë
- 1 thelpi hudhër, e prerë
- ¼ filxhan quinoa të gatuar
- 1/8 lugë çaji kripë
- ¼ lugë çaji rigon të tharë
- 24 kërpudha, me kërcell
- 2 ons feta e shkërmoqur
- 3 lugë bukë me grurë të plotë
- Sprej gatimi me vaj ulliri

**Itinerari:**

Ngrohni furrën në 360°F. Në një tas të vogël përzieni specin zile, hudhrën, kuinoan, kripën dhe rigonin. Hidhni me lugë mbushjen e quinoas në kapakët e kërpudhave derisa ato të mbushen. Shtoni një copë të vogël feta sipër secilës kërpudha. Spërkatni nga një majë buke thërrime mbi feta në secilën kërpudha.

Rreshtoni shportën e skuqësit me ajër me llak gatimi me vaj ulliri, më pas vendosni kërpudhat me kujdes në kosh, duke u siguruar që ato të mos prekin njëra-tjetrën.

Vendoseni koshin në furrën me ventilator dhe piqni për 8 minuta. Hiqeni nga furra dhe shërbejeni.

**Lëndët ushqyese (për 100 g):** 97 kalori 4 g yndyrë 11 g karbohidrate 7 g proteina 677 mg natrium

# Falafel me pesë përbërës me salcë hudhër-kos

**Koha e përgatitjes: 5 minuta**
**Koha e GATIMIT**: 15 minuta
**Serbimet: 4**
**Niveli i vështirësisë: Vështirë**

**Përbërësit:**

- Për falafelin
- 1 (15 oz.) kanaçe qiqra, të kulluara dhe të shpëlarë
- ½ filxhan majdanoz të freskët
- 2 thelpinj hudhre, te grira
- ½ lugë qimnon i bluar
- 1 lugë gjelle miell gruri integral
- Kripë
- Për salcën me hudhër-kos
- 1 filxhan kos natyral grek pa yndyrë
- 1 thelpi hudhër, e prerë
- 1 lugë gjelle kopër të freskët të copëtuar
- 2 lugë gjelle lëng limoni

**Itinerari:**

Për të bërë falafel

Ngrohni furrën në 360°F. Vendosni qiqrat në një përpunues ushqimi. Pulseni derisa të copëtohen gjerësisht, më pas shtoni majdanozin, hudhrën dhe qimnonin dhe skuqeni për një minutë të mëtejshme derisa përbërësit të bëhen një pastë.

Shtoni miellin. Pulsoni edhe disa herë derisa të kombinohen. Do të ketë konsistencën e makaronave, por qiqrat duhet të qërohen në copa të vogla. Me duar të pastra, mbështilleni brumin në 8 topa të së njëjtës madhësi, më pas trokisni topthat pak poshtë në mënyrë që të jenë disqe sa gjysma e trashësisë.

Mbushni koshin e fryerjes së ajrit me llak gatimi me vaj ulliri, më pas vendosini petat e falafelit në një shtresë të vetme në kosh, duke u siguruar që ato të mos prekin njëra-tjetrën. Piqeni në furrë me ajër për 15 minuta.

Për të përgatitur salcën me hudhër-kos

Përzieni kosin, hudhrën, koprën dhe lëngun e limonit. Kur falafeli të jetë gati dhe të skuqet mirë nga të gjitha anët, hiqeni nga fryerja dhe rregulloni me kripë. Shërbejeni salcën e zhytjes të nxehtë.

**Lëndët ushqyese (për 100 g):** 151 kalori 2 g yndyrë 10 g karbohidrate 12 g proteina 698 mg natrium

# Karkaleca limoni me vaj ulliri hudhër

**Koha e përgatitjes: 5 minuta**
**Koha e GATIMIT: 6 minuta**
**Serbimet: 4**
**Niveli i vështirësisë: Mesatar**

**Përbërësit:**

- 1 kilogram karkaleca të mesëm, të pastruar dhe të devejnuar
- ¼ filxhan plus 2 lugë vaj ulliri, të ndarë
- Lëng nga ½ limoni
- 3 thelpinj hudhre te grira dhe te ndara
- ½ lugë çaji kripë
- ¼ lugë çaji thekon piper të kuq
- Feta limoni, për servirje (opsionale)
- Salcë Marinara, për zhytje (opsionale)

**Itinerari:**

Ngrohni furrën në 380°F. I hedhim karkalecat me 2 lugë vaj ulliri, lëng limoni, 1/3 hudhër të grirë, kripë dhe piper të kuq dhe i lyejmë mirë.

Në një ramekin të vogël, bashkoni ¼ filxhani vaj ulliri të mbetur dhe hudhrën e mbetur të grirë. Prisni një fletë prej alumini 12" x 12". Vendosni karkalecat në qendër të fletë metalike, më pas palosni anët dhe palosni në skajet për të formuar një tas me petë të hapur. Vendoseni këtë paketë në shportën e fryerjes së ajrit.

Skuqini karkalecat për 4 minuta, më pas hapni fërgesën me ajër dhe vendosni vajin dhe gaforren e hudhrës në koshin pranë paketimit të karkalecave. Gatuani edhe 2 minuta të tjera.

Transferoni karkalecat në një pjatë ose pjatë me vaj ulliri hudhër në anën për t'u zhytur. Sipas dëshirës mund të shërbehet edhe me copa limoni dhe salcë marinara.

**Lëndët ushqyese (për 100 g):** 264 kalori 21 g yndyrë 10 g karbohidrate 16 g proteina 473 mg natrium

# Patate të skuqura me bathë jeshile me salcë limoni-kos

**Koha e përgatitjes: 5 minuta**
**Koha e GATIMIT**: 5 minuta
**Serbimet: 4**
**Niveli i vështirësisë: Mesatar**

**Përbërësit:**

- <u>Për bishtajat</u>
- 1 vezë
- 2 lugë gjelle ujë
- 1 lugë gjelle miell gruri integral
- ¼ lugë çaji paprika
- ½ lugë çaji pluhur hudhër
- ½ lugë çaji kripë
- ¼ filxhan bukë gruri të plotë
- ½ kile bishtaja të plota
- <u>Për salcën me limon-kos</u>
- ½ filxhan kos të thjeshtë grek pa yndyrë
- 1 lugë gjelle lëng limoni
- ¼ lugë çaji kripë
- 1/8 lugë çaji piper i kuq

**Drejtimi:**

Për të përgatitur bishtajat

Ngrohni furrën në 380°F.

Në një tas mesatarisht të cekët, përzieni vezët dhe ujin derisa të bëhen shkumë. Në një tas të veçantë, mesatarisht të cekët, përzieni miellin, paprikën, pluhurin e hudhrës dhe kripën, më pas përzieni thërrimet e bukës.

Lyejeni pjesën e poshtme të tiganit me ajër me llak gatimi. Lagni çdo bishtajë në përzierjen e vezëve, më pas në përzierjen e thërrimeve të bukës, duke e lyer pjesën e jashtme me thërrimet. Vendosni bishtajat në një shtresë të vetme në fund të koshit të fryerjes së ajrit.

Piqeni në furrë me ajër për 5 minuta ose derisa buka të marrin ngjyrë kafe të artë.

Për të përgatitur salcën me limon-kos

Përzieni kosin, lëngun e limonit, kripën dhe kajenin. Shërbejini patate të skuqura me bishtaja me salcën e limonit-kos si meze ose meze.

**Lëndët ushqyese (për 100 g):** 88 kalori 2 g yndyrë 10 g karbohidrate 7 g proteina 697 mg natrium

# Patate të skuqura pita me kripë deti të bëra në shtëpi

**Koha e përgatitjes: 2 minuta**
**Koha e GATIMIT**: 8 minuta
**Serbimet: 2**
**Niveli i vështirësisë: Lehtë**

**Përbërësit:**

- 2 pite gruri integrale
- 1 luge vaj ulliri
- ½ lugë çaji kripë kosher

**Rrugët**

Ngrohni furrën në 360°F. Pritini çdo pite në 8 feta. Në një tas mesatar, hidhni fetat e pitës, vajin e ullirit dhe kripën derisa fetat të mbulohen dhe vaji i ullirit dhe kripa të shpërndahen në mënyrë të barabartë.

I vendosim fetat e pitës në koshin e fryerjes në një shtresë të barabartë dhe i pjekim për 6-8 minuta.

Sezoni me kripë shtesë për shije. Shërbejeni vetëm ose me dip tuaj të preferuar.

**Lëndët ushqyese (për 100 g):** 230 kalori 8 g yndyrë 11 g karbohidrate 6 g proteina 810 mg natrium

# Dip Spanakopita e skuqur

**Koha e përgatitjes: 10 minuta**

**Koha e GATIMIT**: 15 minuta

**Serbimet: 2**

**Niveli i vështirësisë: Mesatar**

**Përbërësit:**

- Sprej gatimi me vaj ulliri
- 3 lugë vaj ulliri, të ndara
- 2 lugë qepë të bardhë të grirë
- 2 thelpinj hudhre, te grira
- 4 gota spinaq të freskët
- 4 oce krem djathi, i zbutur
- 4 oce djathë feta, të ndara
- Lëkura e 1 limoni
- ¼ lugë çaji arrëmyshk i bluar
- 1 lugë çaji kopër të thatë
- ½ lugë çaji kripë
- Patate të skuqura pita, shkopinj karrote ose bukë të prerë në feta për t'u shërbyer (opsionale)

**Itinerari:**

Ngrohni furrën në 360°F. Lyejeni pjesën e brendshme të një ramekin ose enë pjekjeje 6 inç me llak gatimi me vaj ulliri.

Ngrohni 1 lugë gjelle vaj ulliri në një tigan të madh mbi nxehtësinë mesatare. Shtoni qepën dhe gatuajeni për 1 minutë. Shtoni hudhrën dhe gatuajeni, duke e trazuar, edhe për 1 minutë.

Ulni zjarrin dhe përzieni spinaqin dhe ujin. Gatuani derisa spinaqi të jetë i butë. Hiqeni tiganin nga zjarri. Në një tas të mesëm, rrihni kremin e djathit, 2 oce feta dhe vajin e mbetur të ullirit, lëkurën e limonit, arrëmyshkun, koprën dhe kripën. Përziejini derisa të bashkohen.

Shtoni perimet në bazën e djathit dhe përzieni. Hidheni përzierjen e zhytjes në ramekinët e përgatitur dhe sipër lyeni me pjesën e mbetur prej 2 gr djathi feta.

Vendoseni zhytjen në koshin e fryerjes me ajër dhe gatuajeni për 10 minuta ose derisa të nxehet dhe të fryjë. Shërbejeni me patate të skuqura pita, karrota ose bukë të prerë në feta.

**Lëndët ushqyese (për 100 g):** 550 kalori 52 g yndyrë 21 g karbohidrate 14 g proteina 723 mg natrium

# Dip qepë perla të pjekur

**Koha e përgatitjes: 5 minuta**

**Koha e GATIMIT**: 12 minuta plus 1 orë ftohje

**Serbimet: 4**

**Niveli i vështirësisë: Mesatar**

## Përbërësit:

- 2 gota qepë perla të qëruara
- 3 thelpinj hudhre
- 3 lugë vaj ulliri, të ndara
- ½ lugë çaji kripë
- 1 filxhan kos natyral grek pa yndyrë
- 1 lugë gjelle lëng limoni
- ¼ lugë çaji piper i zi
- 1/8 lugë çaji thekon piper të kuq
- Patate të skuqura pita, perime ose bukë e thekur për t'u shërbyer (opsionale)

## Itinerari:

Ngrohni furrën në 360°F. Në një tas të madh, hidhni qepët e perlave dhe hudhrat me 2 lugë vaj ulliri derisa qepët të jenë lyer mirë.

Derdhni përzierjen e hudhrës-qepës në koshin e skuqjes me ajër dhe piqni për 12 minuta. Hidhni hudhrën dhe qepën në një procesor ushqimi. Rrotulloni perimet disa herë derisa qepa të copëtohet, por të mbeten disa copa.

Hidhni hudhrën dhe qepën dhe 1 lugë gjelle vaj ulliri të mbetur, së bashku me kripën, kosin, lëngun e limonit, piperin e zi dhe thekat e piperit të kuq. Ftoheni për 1 orë përpara se ta shërbeni me patate të skuqura pita, perime ose bukë të thekur.

**Lëndët ushqyese (për 100 g):** 150 kalori 10 g yndyrë 6 g karbohidrate 7 g proteina 693 mg natrium

# Tapenadë me spec të kuq

**Koha e përgatitjes: 5 minuta**

**Koha e GATIMIT**: 5 minuta

**Serbimet: 4**

**Niveli i vështirësisë: Mesatar**

**Përbërësit:**

- 1 spec i kuq i madh zile
- 2 lugë gjelle plus 1 lugë çaji vaj ulliri
- ½ filxhan ullinj kalamata, pa koriza dhe të prera përafërsisht
- 1 thelpi hudhër, e prerë
- ½ lugë çaji rigon të tharë
- 1 lugë gjelle lëng limoni

**Itinerari:**

Ngrohni furrën në 380°F. Lyejeni pjesën e jashtme të një speci të kuq të plotë me 1 lugë çaji vaj ulliri dhe vendoseni në koshin e fryerjes me ajër. Piqeni për 5 minuta. Ndërkohë, në një tas mesatar, përzieni 2 lugët e mbetura vaj ulliri me ullinjtë, hudhrën, rigonin dhe lëngun e limonit.

Hiqeni specin e kuq nga furra, më pas prisni me kujdes kërcellin dhe hiqni farat. Pritini specin e pjekur në copa të vogla.

Shtoni specin e kuq në masën e ullirit dhe përzieni derisa të bashkohet. Shërbejeni me patate të skuqura pita, krisur ose bukë me kore.

**Lëndët ushqyese (për 100 g):** 104 kalori 10 g yndyrë 9 g karbohidrate 1 g proteina 644 mg natrium

# Lëkurat greke të patates me ullinj dhe feta

**Koha e përgatitjes:** 5 minuta
**Koha e GATIMIT:** 45 minuta
**Serbimet:** 4
**Niveli i vështirësisë:** Vështirë

**Përbërësit:**

- 2 patate të ndryshkura
- 3 lugë vaj ulliri
- 1 lugë çaji kripë kosher, e ndarë
- ¼ lugë çaji piper i zi
- 2 lugë gjelle koriandër të freskët
- ¼ filxhan ullinj Kalamata, të prerë në kubikë
- ¼ filxhan feta e thërrmuar
- Majdanoz i freskët i grirë hollë, për dekorim (sipas dëshirës)

**Itinerari:**

Ngrohni furrën në 380°F. Duke përdorur një pirun, hapni 2-3 vrima në patate, më pas lyeni secilën me rreth ½ lugë gjelle vaj ulliri dhe ½ lugë çaji kripë.

Vendosni patatet në koshin e skuqjes me ajër dhe piqini për 30 minuta. Hiqni patatet nga tigani me ajër dhe pritini në gjysmë. Duke përdorur një lugë, gërvishtni mishin e patateve, duke lënë një shtresë gjysmë centimetri patate në lëkurat dhe lërini lëkurat mënjanë.

Në një tas mesatar, hidhni qendrën e patateve të prera me 2 lugët e mbetura vaj ulliri, ½ lugë çaji kripë, piper të zi dhe cilantro. Përziejini mirë. Ndani mbushjen e patates në lëkurat e patateve tashmë të zbrazëta, duke e shpërndarë në mënyrë të barabartë mbi to. Mbi çdo patate hidhet një lugë gjelle ullinj dhe feta.

Lëkurat e mbushura të patateve i kthejmë në furrë dhe i pjekim për 15 minuta. Nëse dëshironi, shërbejeni me cilantro ose majdanoz të grirë shtesë dhe pak vaj ulliri.

**Lëndët ushqyese (për 100 g):** 270 kalori 13 g yndyrë 34 g karbohidrate 5 g proteina 672 mg natrium

# Pitta me angjinare dhe ullinj

**Koha e përgatitjes: 5 minuta**

**Koha e GATIMIT**: 10 minuta

**Serbimet: 4**

**Niveli i vështirësisë: Lehtë**

**Përbërësit:**

- 2 pite gruri integrale
- 2 lugë vaj ulliri, të ndara
- 2 thelpinj hudhre, te grira
- ¼ lugë çaji kripë
- ½ filxhan zemrat e konservuara të angjinares, të prera në feta
- ¼ filxhan ullinj Kalamata
- ¼ filxhan parmixhan i grirë
- ¼ filxhan feta e thërrmuar
- Majdanoz i freskët i grirë hollë, për dekorim (sipas dëshirës)

**Itinerari:**

Ngrohni furrën në 380°F. Lyejeni çdo pite me 1 lugë gjelle vaj ulliri, më pas spërkatni hudhrat e grira dhe kripën sipër.

Ndani zemrat e angjinares, ullinjte dhe djathin ne menyre te barabarte midis dy pites dhe piqini te dyja ne furre me ajër për 10 minuta. Para se t'i shërbeni, nxirrni pitat dhe i prisni në 4 pjesë. Nëse dëshironi, spërkatni majdanoz sipër.

**Lëndët ushqyese (për 100 g):** 243 kalori 15 g yndyrë 10 g karbohidrate 7 g proteina 644 mg natrium

# Mini ëmbëlsira me gaforre

**Koha e përgatitjes: 10 minuta**

**Koha e GATIMIT:** 10 minuta

**Serbimet: 6**

**Niveli i vështirësisë: Mesatar**

**Përbërësit:**

- 8 oz copa mish gaforre
- 2 lugë piper të kuq të prerë në kubikë
- 1 qepe, pjesë të bardha dhe jeshile, të prera në kubikë
- 1 thelpi hudhër, e prerë
- 1 lugë gjelle kaperi, të grirë
- 1 lugë gjelle kos natyral grek pa yndyrë
- 1 vezë e rrahur
- ¼ filxhan bukë gruri të plotë
- ¼ lugë çaji kripë
- 1 luge vaj ulliri
- 1 limon i prere ne feta

**Itinerari:**

Ngrohni furrën në 360°F. Në një tas mesatar, kombinoni gaforren, specin zile, qepën, hudhrën dhe kaperin. Shtoni kosin dhe vezën. Përziejini derisa të përfshihen. I përziejmë thërrimet e bukës dhe kripën.

Ndani këtë përzierje në 6 pjesë të barabarta dhe rrafshoni në petë. Vendosni ëmbëlsirat e gaforreve në koshin e fryerjes së ajrit në një shtresë të vetme, individualisht. Lyejeni pjesën e sipërme të secilës kapakë me pak vaj ulliri. Piqeni për 10 minuta.

Hiqni ëmbëlsirat me gaforre nga tigani dhe shërbejini me copa limoni anash.

**Lëndët ushqyese (për 100 g):** 87 kalori 4 g yndyrë 6 g karbohidrate 9 g proteina 574 mg natrium

# Kungull i njomë Feta Roulades

**Koha e përgatitjes:** 10 minuta

**Koha e GATIMIT:** 10 minuta

**Serbimet:** 6

**Niveli i vështirësisë:** Mesatar

**Përbërësit:**

- ½ filxhan feta
- 1 thelpi hudhër, e prerë
- 2 lugë borzilok të freskët, të grirë
- 1 lugë gjelle kaperi, të grirë
- 1/8 lugë çaji kripë
- 1/8 lugë çaji thekon piper të kuq
- 1 lugë gjelle lëng limoni
- 2 kunguj të njomë të mesëm
- 12 kruese dhëmbësh

**Itinerari:**

Ngrohni furrën në 360°F. (Nëse përdorni një top për skarë, sigurohuni që të jetë brenda frulatorit gjatë ngrohjes paraprake.) Në një tas të vogël, kombinoni fetën, hudhrën, borzilokun, kaperin, kripën, thekonet e piperit të kuq dhe lëngun e limonit.

Pritini kungull i njomë për së gjati në shirita 1/8 inç. (Çdo kungull i njomë duhet të bëjë rreth 6 shirita.) Përhapeni 1 lugë gjelle me mbushje djathi në secilën fetë kungull i njomë, më pas rrotullojeni dhe vendoseni në qendër me një kruese dhëmbësh.

Vendosni rulat e kungujve në koshin e skuqjes me ajër në një shtresë të vetme, një nga një. I pjekim ose i pjekim në furrë me ajër për 10 minuta. Para se t'i shërbeni, hiqni rulat e kungujve nga furra dhe hiqni me kujdes krueset e dhëmbëve.

**Lëndët ushqyese (për 100 g):** 46 kalori 3 g yndyrë 6 g karbohidrate 3 g proteina 710 mg natrium

# Kiflet me Pica Quinoa

**Koha e përgatitjes: 15 minuta**

**Koha e GATIMIT**: 30 minuta

**Serbimet: 4**

**Niveli i vështirësisë: Lehtë**

**Përbërësit:**

- 1 filxhan quinoa të papërpunuar
- 2 vezë të mëdha
- ½ qepë mesatare, e prerë në kubikë
- 1 filxhan speca zile të prera në kubikë
- 1 filxhan djathë mocarela e grirë
- 1 lugë gjelle borzilok të thatë
- 1 lugë gjelle rigon të tharë
- 2 lugë hudhër pluhur
- 1/8 lugë çaji kripë
- 1 lugë piper i kuq i grimcuar
- ½ filxhan piper i kuq i pjekur, i grire*
- Salcë picash, rreth 1-2 filxhanë

**Itinerari:**

Ngrohni furrën në 350oF. Gatuani quinoan sipas udhëzimeve. Përziejini të gjithë përbërësit (përveç salcës) në një tas. Përziejini mirë të gjithë përbërësit.

Hidhni me lugë përzierjen e picës me quinoa në mënyrë të barabartë në tepsinë e kifleve. Bën 12 kifle. Piqni për 30 minuta derisa kiflet të marrin ngjyrë kafe të artë dhe skajet të jenë krokante.

Përhapeni me 1 ose 2 lugë salcë pice dhe shijojeni!

**Lëndët ushqyese (për 100 g):**303 kalori 6,1 g yndyrë 41,3 g karbohidrate 21 g proteina 694 mg natrium

# Bukë rozmarine-arre

**Koha e përgatitjes: 5 minuta**

**Koha e GATIMIT**: 45 minuta

**Serbimet: 8**

**Niveli i vështirësisë: Vështirë**

**Përbërësit:**

- ½ filxhan arra të copëtuara
- 4 lugë rozmarinë të freskët, të grirë
- 1 1/3 filxhan ujë të vakët me gaz
- 1 lugë gjelle mjaltë
- ½ filxhan vaj ulliri ekstra të virgjër
- 1 lugë gjelle uthull molle
- 3 vezë
- 5 lugë çaji kokrriza maja të thata të menjëhershme
- 1 lugë çaji kripë
- 1 lugë çamçakëz xanthan
- ¼ filxhan dhallë
- 1 filxhan miell orizi të bardhë
- 1 filxhan niseshte tapioke
- 1 filxhan niseshte shigjete
- 1 ¼ filxhan Përzierje mielli pa gluten për të gjitha qëllimet Bob's Red Mill

**Itinerari:**

Rrihni vezët mirë në një tas të madh përzierjeje. Shtoni 1 gotë ujë të ngrohtë, mjaltë, vaj ulliri dhe uthull.

Duke i rrahur vazhdimisht, shtoni pjesën tjetër të përbërësve përveç rozmarinës dhe arrave.

Vazhdoni të rrihni. Nëse brumi është shumë i fortë, shtoni pak ujë të ngrohtë. Brumi duhet të jetë me gëzof dhe i trashë.

Më pas shtoni rozmarinën dhe arrat dhe vazhdoni zierjen derisa të shpërndahen në mënyrë të barabartë.

Mbulojeni enën e brumit me një peshqir të pastër, vendoseni në një vend të ngrohtë dhe lëreni të fryhet për 30 minuta.

Pesëmbëdhjetë minuta pas rritjes, ngrohni furrën në 400oF.

Lyejeni bujarisht një furrë holandeze 2-litërshe me vaj ulliri dhe ngroheni paraprakisht brenda furrës, pa mbuluar.

Kur brumi të ketë ardhur, hiqeni tavën nga furra dhe vendoseni brumin në të. Përhapeni pjesën e sipërme të brumit në mënyrë të barabartë në tas me një shpatull të lagur.

Lyejeni bukën sipër me 2 lugë vaj ulliri, mbuloni furrën holandeze dhe piqeni për 35-45 minuta. Kur buka të jetë gati e nxirrni nga furra. Dhe hiqeni me kujdes bukën nga ena. Lëreni bukën të ftohet për të paktën dhjetë minuta përpara se ta prisni në feta. Shërbejeni dhe shijoni.

**Lëndët ushqyese (për 100 g):** 424 kalori 19 g yndyrë 56,8 g karbohidrate 7 g proteina 844 mg natrium

# Crabby Panini i shijshëm

**Koha e përgatitjes: 5 minuta**

**Koha e GATIMIT: 10 minuta**

**Serbimet: 4**

**Niveli i vështirësisë: Lehtë**

**Përbërësit:**

- 1 luge vaj ulliri
- Buka franceze e prerë në gjysmë dhe e prerë në feta diagonalisht
- 1 kile karkaleca
- ½ filxhan selino
- ¼ filxhan qepë të gjelbër, të copëtuar
- 1 lugë salcë Worcestershire
- 1 lugë çaji lëng limoni
- 1 lugë gjelle mustardë Dijon
- ½ filxhan majonezë e lehtë

**Itinerari:**

Në një tas mesatar, përzieni selinonë, qepën, Worcestershire, lëngun e limonit, mustardën dhe majonezën. I rregullojmë me piper dhe kripë. Më pas shtoni me kujdes bajamet dhe gaforren.

Lyejeni pjesën e prerë të bukës me vaj ulliri dhe lyeni përzierjen e gaforreve përpara se ta mbuloni me një fetë tjetër bukë.

Skuqni sanduiçët në një shtypje Panini derisa buka të jetë krokante dhe të skuqet.

**Lëndët ushqyese (për 100 g):** 248 kalori 10,9 g yndyrë 12 g karbohidrate 24,5 g proteina 845 mg natrium

# Pica dhe pasta perfekte

**Koha e përgatitjes: 35 minuta**

**Koha e GATIMIT**: 15 minuta

**Serbimet: 10**

**Niveli i vështirësisë: Vështirë**

**Përbërësit:**

- Për brumin e picës:
- 2 lugë çaji mjaltë
- 1/4 oz. maja aktive e thatë
- 11/4 gota ujë të ngrohtë (rreth 120°F)
- 2 lugë gjelle vaj ulliri
- 1 lugë çaji kripë deti
- 3 gota miell gruri integral + 1/4 filxhan, i nevojshëm për rrotullim
- Për sipërimin e picës:
- 1 filxhan salcë pesto
- 1 filxhan zemra artichoke
- 1 filxhan gjethe spinaqi të thara
- 1 filxhan domate të thara në diell
- 1/2 filxhan ullinj Kalamata
- 4 ons. djathë feta
- 4 ons. djathë i përzier me pjesë të barabarta mocarela me pak yndyrë, asiago dhe vaj ulliri provolone

- Aksesorët opsionalë të karikimit:
- piper zile
- Gjoksi i pulës, shirita Borziloku i freskët
- arra pishe

**Itinerari:**

Për brumin e picës:

Ngrohni furrën në 350°F.

Përziejmë mjaltin dhe majanë me ujin e ngrohtë në procesorin e ushqimit me pjesën e sipërme të brumit. Përziejeni përzierjen derisa të kombinohet plotësisht. Lëreni përzierjen të pushojë për 5 minuta për të siguruar që majaja të jetë aktive duke shkaktuar shfaqjen e flluskave në sipërfaqe.

Hidhni vajin e ullirit. Shtoni kripën dhe përzieni për gjysmë minutë. Gradualisht shtoni 3 gota miell, rreth gjysmë filxhani në të njëjtën kohë, duke e përzier për disa minuta midis çdo shtese.

Lëreni procesorin të gatuajë përzierjen për 10 minuta derisa të jetë e lëmuar dhe elastike, duke e pluhurosur me miell nëse është e nevojshme për të parandaluar ngjitjen e brumit në sipërfaqen e tasit.

Hiqeni brumin nga tasi. Lëreni të qëndrojë për 15 minuta, të mbuluar me një peshqir të lagur dhe të ngrohtë.

Hapeni brumin në një trashësi gjysmë centimetri, spërkateni me miell sipas nevojës. Përdorni një pirun për të hapur vrima pa dallim në brumë për të parandaluar që korja të flluskojë.

Vendoseni brumin e shpuar dhe të mbështjellë në një gur pice ose një tepsi pjekjeje. Piqeni për 5 minuta.

Për sipërimin e picës:

Lyejeni lehtë koren e picës së pjekur me vaj ulliri.

Hidhni sipër salcën pesto dhe shpërndajeni në mënyrë të barabartë mbi sipërfaqen e kores së picës, duke lënë një hapësirë gjysmë centimetri rreth kores.

Mbi picën me zemrat e angjinareve, gjethet e spinaqit të vyshkur, domate të thara në diell dhe ullinj. (Shto mbushje sipas dëshirës.) E mbulojmë sipër me djathë.

Vendoseni picën direkt në raftin e furrës. Piqeni për 10 minuta derisa djathi të shkrihet dhe të shkrihet nga qendra deri në fund. Lëreni picën të ftohet për 5 minuta përpara se ta prisni në feta.

**Lëndët ushqyese (për 100 g):** 242,8 kalori 15,1 g yndyrë 15,7 g karbohidrate 14,1 g proteina 942 mg natrium

## Modeli mesdhetar Margherita

**Koha e përgatitjes: 15 minuta**

**Koha e GATIMIT:** 15 minuta

**Serbimet: 10**

**Niveli i vështirësisë: Vështirë**

**Përbërësit:**

- 1 grumbull kore pice
- 2 lugë gjelle vaj ulliri
- 1/2 filxhan domate të grimcuara
- 3 domate rome, të prera në feta 1/4 inç të trashë
- 1/2 filxhan gjethe borziloku të freskët, të prera hollë
- 6 ons. bllokoni mocarelën, prerë në feta 1/4 inç, thajeni me peshqir letre
- 1/2 lugë çaji kripë deti

**Itinerari:**

Ngrohni furrën në 450°F.

Lyejeni lehtë koren e picës me vaj ulliri. Përhapeni domatet e grimcuara në mënyrë të barabartë mbi koren e picës, duke lënë një hapësirë gjysmë centimetri rreth kores.

Mbi picën hidhni feta domate rome, gjethe borziloku dhe feta mocarela. Kriposni picën.

Transferoni picën direkt në raftin e furrës. Piqeni derisa djathi të shkrijë nga qendra në kore. Lëreni mënjanë përpara se ta prisni në feta.

**Lëndët ushqyese (për 100 g):**251 kalori 8 g yndyrë 34 g karbohidrate 9 g proteina 844 mg natrium

# Pjesë pikniku portative të paketuara

**Koha e përgatitjes: 5 minuta**

**Koha e GATIMIT**: 0 minuta

**Porcionet: 1**

**Niveli i vështirësisë: Lehtë**

**Përbërësit:**

- 1 fetë bukë gruri integral, e prerë në copa sa një kafshatë
- 10 domate qershi
- 1/4 oz. djathë i vjetëruar, i prerë në feta
- 6 ullinj te marinuar ne vaj

**Itinerari:**

Paketoni përbërësit individualë në një enë portative për të ngrënë në lëvizje.

**Lëndët ushqyese (për 100 g):** 197 kalori 9 g yndyrë 22 g karbohidrate 7 g proteina 499 mg natrium

# Fritata me kungull i njomë dhe majë domate

**Koha e përgatitjes: 10 minuta**

**Koha e GATIMIT**: 15 minuta

**Serbimet: 4**

**Niveli i vështirësisë: Lehtë**

**Përbërësit:**

- 8 vezë
- 1/4 lugë çaji piper i kuq, i grimcuar
- 1/4 lugë çaji kripë
- 1 luge vaj ulliri
- 1 kungull i njomë i vogël, i prerë hollë për së gjati
- 1/2 filxhan domate qershi të kuqe ose të verdha, të përgjysmuara
- 1/3 filxhan arra, të grira trashë
- 2 ons. Topa të freskëta mocarela në madhësi të kafshuara (boccincini)

**Itinerari:**

Ngrohni paraprakisht broilerin. Ndërkohë përziejmë vezën, piperin e kuq të grimcuar dhe kripën në një enë me madhësi mesatare. E lë mënjanë, e injoron.

Në një tigan 10 inç të papërshkueshëm nga broiler, ngrohni vajin e ullirit mbi nxehtësinë mesatare-të lartë. Renditni fetat e kungujve në një shtresë të barabartë në fund të tavës. Gatuani për 3 minuta, duke e kthyer një herë në gjysmë.

Mbi shtresën e kungujve shtroni domate qershi. Përzierjen e vezëve e derdhim mbi perime në një tigan. Dekoroni pjesën e sipërme me arra dhe topa mocarela.

Kthejeni në nxehtësi mesatare. Gatuani derisa anët të fillojnë të zihen. Duke përdorur një shpatull, ngrini frittat në mënyrë që të rrjedhin nën pjesët e gatuara të përzierjes së vezëve.

Vendoseni tiganin në brojler. Frittatën e pjekim 4 centimetra nga zjarri për 5 minuta, derisa pjesa e sipërme të jetë e butë. Gjatë servirjes, priteni frittatën në feta.

**Lëndët ushqyese (për 100 g):** 284 kalori 14 g yndyrë 4 g karbohidrate 17 g proteina 788 mg natrium

# Bukë me salcë kosi me banane

**Koha e përgatitjes: 10 minuta**

**Koha e GATIMIT**: 1 orë 10 minuta

**Serbimet: 32**

**Niveli i vështirësisë: Mesatar**

**Përbërësit:**

- Sheqer i bardhë (0,25 gota)
- kanellë (1 lugë + 2 lugë)
- Gjalpë (.75)
- sheqer i bardhë (3 gota)
- vezë (3)
- Banane shumë të pjekura, të grira (6)
- Kosi (enë 16 oz.)
- ekstrakt vanilje (2 lugë çaji)
- kripë (5 lugë gjelle)
- sode buke (3 lugë gjelle)
- Miell për të gjitha përdorimet (4,5 gota)
- Opsionale: arra të copëtuara (1 filxhan)
- Nevojitet gjithashtu: Tepsi për bukë 4-7 x 3 inç

**Itinerari:**

Vendoseni furrën në 300 gradë Fahrenheit. Lyejmë tavat e bukës.

Shosh sheqerin dhe një lugë çaji kanellë. Pluhuroni tiganin me përzierjen.

Përzieni gjalpin me pjesën tjetër të sheqerit derisa të bëhet shkumë. Pure bananen me vezë, kanellë, vanilje, kosi, kripë, sodë buke dhe miell. Shtoni në fund arrat.

Masën e derdhim në tava. Piqni për një orë. Shërben

**Lëndët ushqyese (për 100 g):** 263 kalori 10,4 g yndyrë 9 g karbohidrate 3,7 g proteina 633 mg natrium

# Bukë pita e bërë në shtëpi

**Koha e përgatitjes: 15 minuta**

**Koha e GATIMIT**: 5 orë (përfshirë kohën e rritjes)

**Serbimet: 7**

**Niveli i vështirësisë: Vështirë**

**Përbërësit:**

- Maja e thatë (0,25 oz.)
- sheqer (.5 lugë gjelle)
- Miell buke / përzierje të gjithanshme dhe gruri të plotë (2,5 gota + më shumë për pluhurosje)
- kripë (5 lugë gjelle)
- Ujë (0,25 filxhan ose sipas nevojës)
- Vaj sipas nevojës

**Itinerari:**

Shpërndani majanë dhe sheqerin në ¼ filxhani ujë të vakët në një tas të vogël përzierës. Prisni rreth 15 minuta (është gati kur të jetë shkumëzuar).

Në një enë tjetër shosh miellin dhe kripën. Bëni një pus në qendër dhe shtoni përzierjen e majave (+) një gotë ujë. Gatuani brumin.

Vendoseni në një sipërfaqe të lyer lehtë me miell dhe gatuajeni.

Hidhni një pikë vaj në fund të një tasi të madh dhe rrotulloni brumin në të për të mbuluar sipërfaqen.

Vendosni një peshqir çaji të lagur në tepsi me makarona. Mbështilleni enën me një leckë të lagur dhe vendoseni në një vend të ngrohtë për të paktën dy orë ose gjatë natës. (Brumi do të dyfishohet në masë.)

Ziejmë brumin dhe e ndajmë bukën në toptha të vegjël. Rrafshoni topat në disqe të trasha ovale.

E spërkasim me miell një peshqir kuzhine dhe mbi të vendosim disqet ovale duke lënë hapësirë të mjaftueshme mes tyre për zgjerim. Spërkateni me miell dhe vendosni sipër një leckë tjetër të pastër. Lëreni të ngrihet për një ose dy orë të tjera.

Vendoseni furrën në 425 gradë Fahrenheit. Vendosni disa fletë pjekjeje në furrë që të nxehen për një kohë të shkurtër. Tavën e nxehur e lyeni lehtë me vaj dhe mbi të vendosni disqet ovale të bukës.

Spërkatni lehtë format ovale me ujë dhe piqini derisa të marrin një ngjyrë kafe të lehtë, ose gjashtë deri në tetë minuta.

Shërbejeni sa është e ngrohtë. Vendosni bukën e sheshtë në një raft teli dhe mbështilleni me një leckë të pastër dhe të thatë për ta mbajtur të butë më vonë.

**Lëndët ushqyese (për 100 g):** 210 kalori 4 g yndyrë 6 g karbohidrate 6 g proteina 881 mg natrium

# Sanduiçe me bukë të sheshtë

**Koha e përgatitjes: 10 minuta**

**Koha e GATIMIT**: 20 minuta

**Serbimet: 6**

**Niveli i vështirësisë: Lehtë**

**Përbërësit:**

- vaj ulliri (1 lugë gjelle)
- 7 Pilaf me kokërr (8,5 oz pkg)
- Kastravec anglez pa fara (1 filxhan)
- Domate me fara (1 filxhan)
- Djathë feta e thërrmuar (0,25 filxhan)
- Lëng limoni i freskët (2 lugë)
- Piper i zi i sapokrisur (0,25 lugë)
- Hummus i thjeshtë (enë 7 oz.)
- Paketa e bukës së bardhë me grurë të plotë (3 2,8 oz.)

**Itinerari:**

Pilafin e gatuajmë sipas udhëzimeve të paketimit dhe e ftohim.

Pritini dhe përzieni domatet, kastravecin, djathin, vajin, piperin dhe lëngun e limonit. Palosni pilafin.

Përgatisni mbështjelljet me humus nga njëra anë. Hidhni pilafin me lugë dhe palosni.

Pritini në sanduiçe dhe shërbejini.

**Lëndët ushqyese (për 100 g):** 310 kalori 9 g yndyrë 8 g karbohidrate 10 g proteina 745 mg natrium

# Tas mezze me bukë zaatar pita të thekur

**Koha e përgatitjes: 10 minuta**

**Koha e GATIMIT**: 10 minuta

**Serbimet: 4**

**Niveli i vështirësisë: Mesatar**

**Përbërësit:**

- Pita me grurë të plotë (4)
- vaj ulliri (4 lugë)
- Zaatar (4 lugë gjelle)
- kos grek (1 filxhan)
- Piper i zi dhe kripë kosher (për shije)
- Hummus (1 filxhan)
- Zemra Angjinare turshi (1 filxhan)
- Ullinj të ndryshëm (2 gota)
- Piper i kuq i pjekur në feta (1 filxhan)
- domate qershi (2 gota)
- Sallam (4 oz.)

**Itinerari:**

Përdorni nxehtësinë mesatare-të lartë për të ngrohur një tigan të madh.

Lyejmë me vaj të dy anët e bukës së pitës dhe shtojmë zaatarin për erëza.

E përgatisim me detaje duke e vendosur piten në një tigan dhe duke e thekur derisa të marrë ngjyrë. Duhet të zgjasë rreth dy minuta nga secila anë. Pritini çdo pite në katërsh.

E rregullojmë kosin me piper dhe kripë.

Për t'i mbledhur, copëtoni patatet dhe shtoni humusin, kosin, zemrat e angjinareve, ullinjtë, specin e kuq, domatet dhe sallamin.

**Lëndët ushqyese (për 100 g):** 731 kalori 48 g yndyrë 10 g karbohidrate 26 g proteina 632 mg natrium

# Mini shawarma me pulë

**Koha e përgatitjes: 10 minuta**
**Koha e GATIMIT**: 1 orë 15 minuta
**Serbimet: 8**
**Niveli i vështirësisë: Lehtë**

**Përbërësit:**

- Pula:
- Copat e pulës (1 kile)
- Vaj ulliri (25 filxhan)
- Lëkura dhe lëngu i limonit (1)
- qimnon (1 lugë.)
- Pluhur hudhër (2 lugë.)
- Paprika e tymosur (5 lugë gjelle)
- cilantro (.75 lugë.)
- Piper i zi i sapo bluar (1 lugë çaji)
- Salca:
- kos grek (1,25 gota)
- Lëng limoni (1 lugë gjelle)
- Thelpinj hudhër të grira (1)
- Kopër e freskët e copëtuar (2 lugë gjelle)
- Piper i zi (0,125 tk/sipas shijes)
- Kripë Kosher (për shije)
- Majdanoz i freskët i grirë (0,25 filxhan)
- qepë e kuqe (1 gjysmë)

- marule rome (4 gjethe)
- kastravec anglez (1 gjysma)
- Domate (2)
- Mini bukë pita (16)

**Itinerari:**

Hidheni pulën në një qese me zinxhir. Rrihni fisin e pulës dhe vendoseni në qese për t'u marinuar deri në një orë.

Përgatitni salcën duke bashkuar lëngun, hudhrën dhe kosin në një tas. Përzieni koprën, majdanozin, piperin dhe kripën. E vendosim në frigorifer.

Nxehni një tigan mbi nxehtësinë mesatare. Hiqeni pulën nga marinada (lëreni të pikojë teprica).

Gatuani tërësisht, ose rreth katër minuta për çdo anë. Pritini në shirita të madhësisë së një kafshimi.

Pritini hollë kastravecin dhe qepën. Prisni marulen dhe grini domatet. Mblidhni dhe shtoni në pita - pulë, marule, qepë, domate dhe kastravec.

**Lëndët ushqyese (për 100 g):** 216 kalori 16 g yndyrë 9 g karbohidrate 9 g proteina 745 mg natrium

# Pica me patëllxhanë

**Koha e përgatitjes: 10 minuta**
**Koha e GATIMIT**: 30 minuta
**Serbimet: 6**
**Niveli i vështirësisë: Mesatar**

**Përbërësit:**

- Patëllxhan (1 i madh ose 2 i mesëm)
- Vaj ulliri (.33 filxhan)
- Piper i zi dhe kripë (për shije)
- Salcë Marinara - e blerë në dyqan/shtëpi (1,25 gota)
- Djathë mocarela e grirë (1,5 gota)
- Domate qershi (2 gota - të përgjysmuara)
- gjethe borziloku të grisura (0,5 filxhan)

**Itinerari:**

Ngroheni furrën në 400 gradë Fahrenheit. Tavën e përgatisim me një shtresë letre pjekjeje.

Prisni skajet e patëllxhanit dhe priteni në feta ¾ inç. Rendisim fetat në fletën e përgatitur dhe lyejmë të dyja anët me vaj ulliri. Shtoni kripë dhe piper për shije.

Piqni patëllxhanët derisa të jenë të buta (10-12 minuta).

Hiqeni tavën nga furra dhe hidhni dy lugë salcë sipër çdo porcioni. Sipër hidhni mocarela dhe tre deri në pesë copa domate.

Piqeni derisa djathi të shkrihet. Domatet duhet të skuqen në rreth pesë deri në shtatë minuta.

Hiqeni tavën nga furra. Shërbejeni dhe zbukurojeni me borzilok.

**Lëndët ushqyese (për 100 g):** 257 kalori 20 g yndyrë 11 g karbohidrate 8 g proteina 789 mg natrium

# Pica mesdhetare me drithëra të plota

**Koha e përgatitjes: 10 minuta**

**Koha e GATIMIT**: 25 minuta

**Serbimet: 4**

**Niveli i vështirësisë: Lehtë**

**Përbërësit:**

- Brumë pica me grurë të plotë (1)
- Pesto borziloku (4 oz. kavanoz)
- Zemra artichoke (0,5 filxhan)
- Ullinj kalamata (2 lugë gjelle)
- Peperoncini (2 lugë të kulluara)
- Djathë feta (0,25 filxhan)

**Itinerari:**

Programoni furrën në 450 gradë Fahrenheit.

Kullojeni dhe prisni angjinarin në copa. Pritini/Prisni peperoncinin dhe ullinjtë.

Brumin e picës e vendosim në një sipërfaqe pune të lyer me miell dhe e mbulojmë me pesto. Sipër picës rregulloni angjinaret, fetat e specit dhe ullinjtë. Në fund e thërrmojmë dhe i shtojmë fetën.

Piqeni për 10-12 minuta. Shërben.

**Lëndët ushqyese (për 100 g):** 277 kalori 18,6 g yndyrë 8 g karbohidrate 9,7 g proteina 841 mg natrium

# Piqem me spinaq dhe feta pita

**Koha e përgatitjes: 5 minuta**

**Koha e GATIMIT**: 22 minuta

**Serbimet: 6**

**Niveli i vështirësisë: Vështirë**

**Përbërësit:**

- Pesto domate të thara (6 oz. vaskë)
- Roma - domate kumbulle (2 copa të prera në copa të vogla)
- Bukë pita me grurë të plotë (gjashtë 6 inç)
- Spinaq (1 tufë)
- Kërpudha (4 feta)
- Djathë parmixhano i grirë (2 lugë gjelle)
- Djathë feta e thërrmuar (0,5 filxhan)
- vaj ulliri (3 lugë)
- Piper i zi (për shije)

**Itinerari:**

Vendoseni furrën në 350 gradë Fahrenheit.

Përhapeni peston në njërën anë të secilës bukë pite dhe vendosini në një fletë pjekjeje (nga ana e pestës lart).

Lani dhe copëtoni spinaqin. Lyejmë pitet me spinaq, kërpudha, domate, djathë feta, piper, djathë parmixhan, piper dhe një pikë vaj.

Piqeni në furrë të nxehtë derisa pita të jetë krokante (12 minuta). Pritini pitën në katërsh.

**Lëndët ushqyese (për 100 g):** 350 kalori 17,1 g yndyrë 9 g karbohidrate 11,6 g proteina 712 mg natrium

# Feta me shalqi dhe pica balsamike

**Koha e përgatitjes: 10 minuta**

**Koha e GATIMIT**: 15 minuta

**Serbimet: 4**

**Niveli i vështirësisë: Lehtë**

**Përbërësit:**

- Shalqi (1 inç i trashë nga qendra)
- Djathë feta i grimcuar (1 oz.)
- Ullinj kalamata të prera në feta (5-6)
- Gjethet e mentes (1 lugë çaji)
- Glazurë balsamik (5 lugë gjelle)

**Itinerari:**

Prisni pjesën më të gjerë të shalqinit. Më pas priteni secilën gjysmë në katër feta.

Shërbejeni në një pjatë byreku të rrumbullakët si pica e rrumbullakët dhe sipër lyeni me ullinj, djathë, gjethe menteje dhe glazurë.

**Lëndët ushqyese (për 100 g):** 90 kalori 3 g yndyrë 4 g karbohidrate 2 g proteina 761 mg natrium

# Hamburgerë të përzier pikante

**Koha e përgatitjes: 10 minuta**

**Koha e GATIMIT**: 30 minuta

**Serbimet: 6**

**Niveli i vështirësisë: Mesatar**

**Përbërësit:**

- Qepë mesatare (1)
- Majdanoz i freskët (3 lugë)
- thelpinj hudhre (1)
- Kuqe e grirë (.75 lugë gjelle)
- piper (.75 lugë.)
- Arrëmyshk i bluar (.25 lugë gjelle)
- kanellë (.5 lugë gjelle)
- kripë (5 lugë gjelle)
- nenexhik i freskët (2 lugë gjelle)
- 90% mish viçi i grirë pa dhjamë (1,5 paund)
- Opsionale: Salcë e ftohtë Tzatziki

**Itinerari:**

Prisni majdanozin, nenexhikun, hudhrën dhe qepën në copa të vogla.

Rrihni arrëmyshkun, kripën, kanellën, piperin, specin, hudhrën, nenexhikun, majdanozin dhe qepën.

Shtoni mishin e viçit dhe bëni gjashtë (6) peta 2x4 inç.

Përdorni cilësimin e nxehtësisë mesatare për t'i pjekur në skarë petat ose gatuajini 4 cm nga zjarri për 6 minuta nga çdo anë.

Kur të mbarojnë, një termometër mishi lexon 160 gradë Fahrenheit. Shërbejeni me salcë sipas dëshirës.

**Lëndët ushqyese (për 100 g):** 231 kalori 9 g yndyrë 10 g karbohidrate 32 g proteina 811 mg natrium

# Proshuto - Sallatë - Sanduiçe me domate dhe avokado

**Koha e përgatitjes: 10 minuta**
**Koha e GATIMIT**: 10 minuta
**Serbimet: 4**
**Niveli i vështirësisë: Lehtë**

**Përbërësit:**

- Proshuto (2 oz/8 feta të holla)
- Avokado e pjekur (1 e prerë në gjysmë)
- marule rome (4 gjethe të plota)
- domate të mëdha të pjekura (1)
- Feta buke me grurë të plotë ose me drithëra të plota (8)
- Piper i zi dhe kripë kosher (0,25 lugë)

**Itinerari:**

Pritini gjethet e marules në tetë pjesë (gjithsej). Pritini domatet në tetë rrathë. Skuqeni bukën dhe vendoseni në një pjatë.

Hidhni mishin e avokados nga lëkura dhe hidheni në një tas. Spërkateni lehtë me piper dhe kripë. Përdorni një kamxhik ose shtypni butësisht avokadon derisa të bëhet krem. Përhapeni mbi bukë.

Bëni një sanduiç. Merrni një fetë dolli me avokado; sipër vendosim një gjethe marule, një fetë proshuto dhe një fetë domate. Sipër vendosni një fetë tjetër domate marule dhe vazhdoni.

Përsëriteni procesin derisa të mbarojnë të gjithë përbërësit.

**Lëndët ushqyese (për 100 g):** 240 kalori 9 g yndyrë 8 g karbohidrate 12 g proteina 811 mg natrium

# Byrek me spinaq

**Koha e përgatitjes: 10 minuta**
**Koha e GATIMIT:** 60 minuta
**Serbimet: 6**
**Niveli i vështirësisë: Mesatar**

**Përbërësit:**

- gjalpë i shkrirë (0,5 filxhan)
- Spinaq i ngrirë (10 oz. kg)
- Majdanoz i freskët (0,5 filxhan)
- Qepë e gjelbër (0,5 filxhan)
- Kopër e freskët (0,5 filxhan)
- Djathë feta e thërrmuar (0,5 filxhan)
- Krem djathi (4 oz.)
- Gjizë (4 oz.)
- parmixhano (2 lugë gjelle - i grirë)
- vezë të mëdha (2)
- Kripë dhe piper (për shije)
- Brumë Phyllo (40 fletë)

**Itinerari:**

Ngroheni furrën në 350 gradë Fahrenheit.

Prisni/prisni qepën, koprën dhe majdanozin. Shkrini spinaqin dhe fletët e makaronave. Shtrydheni spinaqin dhe fshijeni të thatë.

Përzieni spinaqin, qepët, vezët, djathrat, majdanozin, koprën, piperin dhe kripën në blender derisa të bëhen kremoze.

Përgatisni trekëndëshat e vegjël filo duke i mbushur me një lugë çaji nga përzierja e spinaqit.

Lyejeni pak me gjalpë pjesën e jashtme të trekëndëshave dhe vendosini nga ana e tepjes poshtë në një tavë të lyer me vaj.

I vendosim në furrë të parangrohur të piqen derisa të marrin ngjyrë kafe të artë dhe të fryhen (20-25 minuta). Shërbejeni të nxehtë.

**Lëndët ushqyese (për 100 g):** 555 kalori 21,3 g yndyrë 15 g karbohidrate 18,1 g proteina 681 mg natrium

# Burgera pule feta

**Koha e përgatitjes: 10 minuta**
**Koha e GATIMIT**: 30 minuta
**Serbimet: 6**
**Niveli i vështirësisë: Mesatar**

**Përbërësit:**

- ¼ filxhan majonezë me yndyrë të reduktuar
- ¼ filxhan kastravec të grirë hollë
- ¼ lugë çaji piper i zi
- 1 lugë hudhër pluhur
- ½ filxhan piper i kuq i ëmbël i pjekur i copëtuar
- ½ lugë erëza greke
- 1,5 paund pulë e bluar pa dhjamë
- 1 filxhan djath feta i grimcuar
- 6 simite burger gruri integral

**Itinerari:**

Ngrohni broilerin në furrë. Përzieni majonezën dhe kastravecin. E lë mënjanë, e injoron.

Për burgerët, përzieni erëzat dhe piperin e kuq. Përziejini mirë pulën dhe djathin. Formoni përzierjen në peta 6 ½ inç të trasha.

Gatuani hamburgerin në një brojler, duke e vendosur rreth katër centimetra nga burimi i nxehtësisë. Gatuani derisa një termomëtër të regjistrojë 165 gradë Fahrenheit.

Shërbejeni me simite dhe salcë kastraveci. Dekoroni me domate dhe marule sipas shijes dhe servireni.

**Lëndët ushqyese (për 100 g):**356 kalori 14 g yndyrë 10 g karbohidrate 31 g proteina 691 mg natrium

## Për tacot e derrit të pjekur

**Koha e përgatitjes: 10 minuta**

**Koha e GATIMIT**: 1 orë 15 minuta

**Serbimet: 6**

**Niveli i vështirësisë: Mesatar**

**Përbërësit:**

- Shpatull derri (4 paund)
- djegës jeshil i prerë në kubikë (2-4 oz. kanaçe)
- Pluhur djegës (0,25 filxhan)
- rigon i tharë (1 lugë çaji)
- Erëza tako (1 lugë gjelle)
- Hudhra (2 lugë gjelle)
- Kripë (1,5 lugë çaji ose për shije)

**Itinerari:**

Vendoseni furrën në 300 gradë Fahrenheit.

Vendoseni pjekjen sipër një fletë të madhe letër alumini.

Kullojeni djegësin. Pritini hudhrat.

Përzieni së bashku kilin jeshil, erëzat taco, pluhurin e djegës, rigonin dhe hudhrën. Fërkojeni përzierjen në pjekje dhe mbulojeni me një shtresë petë.

Vendoseni mishin e derrit të mbështjellë në majë të një rafti për pjekje në një fletë biskotash për ta mbyllur.

Piqeni në furrë të nxehtë për 3,5-4 orë derisa të copëtohet. Gatuani derisa qendra të arrijë të paktën 145 gradë Fahrenheit kur testohet me një termometër mishi (temperatura e brendshme).

Transferoni pjekjen në një copë grirë për ta copëtuar me dy pirunë. Sezoni sipas shijes.

**Lëndët ushqyese (për 100 g):** 290 kalori 17,6 g yndyrë 12 g karbohidrate 25,3 g proteina 471 mg natrium

# Tortë italiane me mollë - vaj ulliri

**Koha e përgatitjes:** 10 minuta

**Koha e GATIMIT:** 1 orë 10 minuta

**Serbimet:** 12

**Niveli i vështirësisë:** Mesatar

**Përbërësit:**

- Mollë Gala (2 të mëdha)
- Lëng portokalli - për njomjen e mollëve
- Miell për të gjitha përdorimet (3 gota)
- Kanellë e bluar (.5 lugë gjelle)
- Arrëmyshk (.5 lugë gjelle)
- pluhur për pjekje (1 lugë.)
- sodë buke (1 lugë çaji)
- sheqer (1 filxhan)
- vaj ulliri (1 filxhan)
- vezë të mëdha (2)
- Rrush i Artë (0,66 filxhan)
- Sheqeri i ëmbëlsirave - për pluhurosje
- Nevojitet gjithashtu: tavë pjekjeje 9 inç

**Itinerari:**

Qëroni mollën dhe e prisni imët. Spërkatni mollët me lëng portokalli të mjaftueshëm për të parandaluar nxirjen e tyre.

Lyejeni rrushin e thatë në ujë të ngrohtë për 15 minuta dhe më pas kullojini mirë.

Shosh sodën e bukës, miellin, pluhurin për pjekje, kanellën dhe arrëmyshkun. Lëreni mënjanë për momentin.

Hidhni vajin e ullirit dhe sheqerin në tasin e një mikser. Përziejini në temperaturë të ulët për 2 minuta ose derisa të kombinohen mirë.

Përziejini duke vrapuar, thyejini vezët një nga një dhe vazhdoni të përzieni për 2 minuta. Vëllimi i përzierjes duhet të rritet; duhet të jetë i trashë - jo i lëngshëm.

Përziejini mirë të gjithë përbërësit. Hapni një pus në mes të masës së miellit dhe shtoni përzierjen e ullirit dhe sheqerit.

Hiqni lëngun e tepërt nga mollët dhe kulloni rrushin e njomur. Shtoni së bashku me makaronat, përziejini mirë.

Tavën e përgatisim me letër furre. Vendoseni brumin në tepsi dhe rrafshoni me pjesën e pasme të një luge druri.

Piqeni për 45 minuta në 350 gradë Fahrenheit.

Kur të jetë gati, hiqeni tortën nga letra e pjekjes dhe vendoseni në një tas. Spërkateni me sheqer ëmbëlsirash. Ngrohni mjaltin e errët për të dekoruar pjesën e sipërme.

**Lëndët ushqyese (për 100 g):** 294 kalori 11 g yndyrë 9 g karbohidrate 5,3 g proteina 691 mg natrium

# Tilapia e shpejtë me qepë të kuqe dhe avokado

**Koha e përgatitjes: 10 minuta**
**Koha e GATIMIT**: 5 minuta
**Serbimet: 4**
**Niveli i vështirësisë: Mesatar**

**Përbërësit:**

- 1 lugë gjelle vaj ulliri ekstra i virgjër
- 1 lugë gjelle lëng portokalli të saposhtrydhur
- ¼ lugë çaji kosher ose kripë deti
- 4 (4 oz.) fileto tilapia, të zgjatura dhe jo katrore, me lëkurë ose lëkurë
- ¼ filxhan qepë të kuqe të copëtuar
- 1 avokado

**Itinerari:**

Në një pjatë qelqi 9 inç për byrekë, kombinoni vajin, lëngun e portokallit dhe kripën. Punoni filetot një nga një, duke i vendosur secilën në tavën e byrekut dhe duke i lyer të gjitha anët. Filetat formohen në formë karroce. Vendosni çdo fileto me 1 lugë qepë, më pas palosni fundin e filetës së varur mbi qepë në gjysmë. Pasi të kemi mbaruar duhet të kemi 4 fileto të palosura në mënyrë që palosja të prekë skajin e jashtëm të enës dhe fundi të jetë në mes.

Mbështilleni tenxheren me plastikë, duke lënë një hapje të vogël në buzë për të lejuar që avulli të dalë. Gatuani në temperaturë të lartë për rreth 3 minuta në mikrovalë. Kur të jetë gati, duhet të thyhet në copa (copa) duke e shtypur lehtë me një pirun. I zbukurojmë filetot me avokado dhe i shërbejmë.

**Lëndët ushqyese (për 100 g):** 200 kalori 3 g yndyrë 4 g karbohidrate 22 g proteina 811 mg natrium

# Peshk i pjekur në skarë në limon

**Koha e përgatitjes:** 10 minuta

**Koha e GATIMIT:** 10 minuta

**Serbimet: 4**

**Niveli i vështirësisë:** Vështirë

**Përbërësit:**

- 4 (4 oz.) fileto peshku
- Sprej gatimi që nuk ngjit
- 3-4 limonë të mesëm
- 1 lugë gjelle vaj ulliri ekstra i virgjër
- ¼ lugë çaji piper i zi i sapo bluar
- ¼ lugë çaji kosher ose kripë deti

**Itinerari:**

Thajeni filetot me një peshqir letre dhe lërini të qëndrojnë në temperaturën e dhomës për 10 minuta. Ndërkohë, lyejeni raftin e ftohtë të skarës me llak gatimi jongjitës dhe ngroheni paraprakisht skarën në 400°F ose në lartësi mesatare.

Pritini një limon në gjysmë dhe lëreni mënjanë gjysmën. Pritini gjysmën e mbetur të limonit dhe limonin e mbetur në feta të trasha ¼ inç. (Duhet të keni rreth 12-16 copa limoni.) Në një tas të vogël, shtrydhni 1 lugë gjelle lëng nga gjysmë limoni.

Shtoni vajin së bashku me lëngun e limonit dhe përziejini mirë. Lyejeni peshkun nga të dyja anët me përzierjen e vajit dhe spërkateni në mënyrë të barabartë me piper dhe kripë.

Vendosini me kujdes fetat e limonit në skarë (ose në tigan), vendosni 3-4 feta në një fileto peshku dhe përsërisni me fetat e mbetura. Vendosni filetot e peshkut direkt mbi fetat e limonit dhe grijini me kapak të mbyllur. (Nëse pini në skarë në majë të sobës, mbulojeni me një kapak të madh tenxhere ose letër alumini.) Kthejeni peshkun vetëm në gjysmë të kohës së gatimit nëse filetot janë më shumë se gjysmë inç të trasha. Piqet kur fillon të skuqet kur shtypet lehtë me pirun.

**Lëndët ushqyese (për 100 g):** 147 kalori 5 g yndyrë 1 g karbohidrate 22 g proteina 917 mg natrium

# Fundjavë darkë me peshk të sheshtë

**Koha e përgatitjes: 10 minuta**

**Koha e GATIMIT**: 10 minuta

**Serbimet: 4**

**Niveli i vështirësisë: Mesatar**

**Përbërësit:**

- Sprej gatimi që nuk ngjit
- 2 lugë vaj ulliri ekstra të virgjër
- 1 luge uthull balsamike
- 4 fileto peshku (4 ons) (½ inç të trasha)
- 2½ filxhan fasule jeshile
- 1 litër domate qershi ose rrushi

**Itinerari:**

Ngrohni furrën në 400°F. Lyeni dy fletë të mëdha pjekjeje me buzë me llak gatimi që nuk ngjit. Përzieni vajin dhe uthullën në një tas të vogël. E lë mënjanë, e injoron. Vendosni dy copa peshku në çdo tabaka.

Në një tas të madh, përzieni fasulet dhe domatet. Shtoni vajin dhe uthullën dhe hidhni butësisht të lyhet. Hidhni gjysmën e përzierjes së bishtajave në një tavë peshku dhe gjysmën tjetër në tjetrën. Kthejeni peshkun dhe lyejeni me përzierjen e vajit. Vendosini perimet në mënyrë të barabartë në tepsi në mënyrë që ajri i nxehtë të qarkullojë rreth tyre.

Skuqini derisa peshku të jetë i errët. Është gati kur të fillojë të bjerë në copa kur e shpohet lehtë me pirun.

**Lëndët ushqyese (për 100 g):** 193 kalori 8 g yndyrë 3 g karbohidrate 23 g proteina 811 mg natrium

# Shkopinj krokantë të peshkut polenta

**Koha e përgatitjes: 10 minuta**
**Koha e GATIMIT: 15 minuta**
**Serbimet: 4**
**Niveli i vështirësisë: Vështirë**

**Përbërësit:**

- 2 vezë të mëdha, të rrahura lehtë
- 1 lugë gjelle qumësht 2%.
- 1 kile fileto peshku me lëkurë të prerë në shirita 20 (1 inç të gjerë).
- ½ filxhan miell misri të verdhë
- ½ filxhan bukë panko me grurë të plotë
- ¼ lugë çaji paprika e tymosur
- ¼ lugë çaji kosher ose kripë deti
- ¼ lugë çaji piper i zi i sapo bluar
- Sprej gatimi që nuk ngjit

**Itinerari:**

Vendosni një fletë pjekjeje të madhe me buzë në furrë. Ngroheni furrën në 400°F me enën brenda. Përzieni vezët dhe qumështin në një tas të madh. Shtoni shiritat e peshkut në përzierjen e vezëve me një pirun dhe hidhini butësisht të lyhen.

Vendosni miellin e misrit, thërrimet e bukës, paprikën e tymosur, kripën dhe piperin në një qese plastike me zinxhir kuart. Duke përdorur një pirun ose darë, transferojeni peshkun në qese dhe lëreni çdo larje të tepërt të vezëve të kullojë në tas përpara se ta transferoni. Mbyllni fort dhe tundeni butësisht për të mbuluar plotësisht çdo shufër peshku.

Duke përdorur dorashka furre, hiqni me kujdes tavën e nxehtë nga furra dhe spërkateni me llak gatimi që nuk ngjit. Duke përdorur një pirun ose darë, hiqni shkopinjtë e peshkut nga qesja dhe vendosini në tiganin e nxehtë, duke lënë hapësirë midis tyre që të lejojë që ajri i nxehtë të qarkullojë dhe t'i skuqen. Piqeni për 5-8 minuta derisa të mund ta shtypni lehtë peshkun me një pirun dhe ta servirni.

**Lëndët ushqyese (për 100 g):** 256 kalori 6 g yndyrë 2 g karbohidrate 29 g proteina 667 mg natrium

## Darka me tavë me salmon

**Koha e përgatitjes: 15 minuta**
**Koha e GATIMIT**: 15 minuta
**Serbimet: 4**
**Niveli i vështirësisë: Mesatar**

**Përbërësit:**

- 1 lugë gjelle vaj ulliri ekstra i virgjër
- 2 thelpinj hudhre, te grira holle
- 1 lugë çaji paprika e tymosur
- 1 litër rrush ose domate qershi të prera në katër pjesë
- 1 (12 oz.) kavanoz speca të kuq të pjekur
- 1 lugë gjelle ujë
- ¼ lugë çaji piper i zi i sapo bluar
- ¼ lugë çaji kosher ose kripë deti
- 1 kilogram fileto salmon, e hequr lëkura, e prerë në 8 pjesë
- 1 lugë gjelle lëng limoni të saposhtrydhur (nga gjysma e një limoni mesatar)

**Itinerari:**

Ngrohni vajin në një tigan mbi nxehtësinë mesatare. Hidhni hudhrën dhe paprikën e tymosur dhe gatuajeni për 1 minutë, duke i përzier shpesh. Hidhni domatet, specat e pjekur, ujin, piperin e zi dhe kripën. Kthejeni zjarrin në mesatare në të lartë, ziejini dhe ziejini për 3 minuta, më pas shtypni domatet deri në fund të kohës së gatimit.

Vendosni salmonin në tigan dhe hidhni pak salcë sipër. Mbulojeni dhe gatuajeni për 10-12 minuta (145°F me një termometër mishi) derisa sapo të fillojë të skuqet.

Hiqeni tiganin nga zjarri dhe spërkatni sipër peshkut me lëng limoni. Përziejmë salcën, më pas e presim salmonin në kubikë. Shërben.

**Lëndët ushqyese (për 100 g):** 289 kalori 13 g yndyrë 2 g karbohidrate 31 g proteina 581 mg natrium

# Burgera toskan dhe kunguj të njomë

**Koha e përgatitjes: 10 minuta**

**Koha e GATIMIT**: 30 minuta

**Serbimet: 4**

**Niveli i vështirësisë: Mesatar**

**Përbërësit:**

- 3 feta bukë sanduiç me drithëra të plota, të thekura
- 2 (5 oz.) kanaçe ton në vaj ulliri
- 1 filxhan kungull i njomë i grirë
- 1 vezë e madhe, e rrahur lehtë
- ¼ filxhan piper i kuq i prerë në kubikë
- 1 lugë gjelle rigon të tharë
- 1 lugë çaji lëvore limoni
- ¼ lugë çaji piper i zi i sapo bluar
- ¼ lugë çaji kosher ose kripë deti
- 1 lugë gjelle vaj ulliri ekstra i virgjër
- Sallatë jeshile ose 4 rrotulla me drithëra të plota, për t'u shërbyer (opsionale)

**Itinerari:**

Thërrmoni tostin në thërrime buke me gishta (ose priteni në kube ¼ inç me thikë) derisa të keni 1 filxhan thërrime të paketuara lirshëm. Hidhni thërrimet në një tas të madh. Shtoni tonin, kungull i njomë, vezën, specin zile, rigonin, lëkurën e limonit, piperin e zi dhe kripën. Përziejini mirë me një pirun. Ndani përzierjen në katër copëza (me madhësi ½ filxhani). Vendoseni në një pjatë dhe shtypni secilën petë në trashësi rreth ¾ inç.

Ngrohni vajin në një tigan mbi nxehtësinë mesatare-të lartë. Shtoni petat në vajin e nxehtë, më pas zvogëloni nxehtësinë në mesatare. Gatuani petat për 5 minuta, kthejini ato me një shpatull dhe gatuajeni edhe për 5 minuta të tjera. Shijojeni siç është ose shërbejeni në sallata ose në role me drithëra të plota.

**Lëndët ushqyese (për 100 g):** 191 kalori 10 g yndyrë 2 g karbohidrate 15 g proteina 661 mg natrium

# Kale siciliane dhe pjatë me tuna

**Koha e përgatitjes: 15 minuta**
**Koha e GATIMIT**: 15 minuta
**Serbimet: 6**
**Niveli i vështirësisë: Mesatar**

**Përbërësit:**

- 1 kilogram lakër jeshile
- 3 lugë vaj ulliri ekstra të virgjër
- 1 filxhan qepë të grirë
- 3 thelpinj hudhër, të prera
- 1 (2,25 ons) kanaçe ullinj të prerë në feta, të kulluara
- ¼ filxhan kaperi
- ¼ lugë çaji piper i kuq
- 2 lugë çaji sheqer
- 2 (6 ons) kanaçe ton në vaj ulliri
- 1 (15 ons) kanaçe fasule kanelini
- ¼ lugë çaji piper i zi i bluar
- ¼ lugë çaji kosher ose kripë deti

**Itinerari:**

Zieni tre të katërtat e ujit në një tenxhere. Përzieni lakër jeshile dhe gatuajeni për 2 minuta. Kullojeni lakër jeshile me një sitë dhe lëreni mënjanë.

Tavën e zbrazët e kthejmë në sobë në zjarr mesatar dhe i shtojmë vajin. Përzieni qepën dhe gatuajeni për 4 minuta, duke e trazuar vazhdimisht. Vendoseni në hudhër dhe gatuajeni për 1 minutë. Shtoni ullinjtë, kaperin dhe piperin e kuq të grimcuar dhe ziejini për 1 minutë. Në fund shtojmë lakër jeshile të pjekur pjesërisht dhe sheqerin, i përziejmë derisa lakra jeshile të lyhet plotësisht me vaj. Mbyllni tenxheren dhe gatuajeni për 8 minuta.

Lakra kale e largojmë nga zjarri, shtojmë tonin, fasulet, piper dhe kripë dhe e shërbejmë.

**Lëndët ushqyese (për 100 g):** 265 kalori 12 g yndyrë 7 g karbohidrate 16 g proteina 715 mg natrium

# Merak me merluc mesdhetar

**Koha e përgatitjes: 10 minuta**
**Koha e GATIMIT**: 20 minuta
**Serbimet: 6**
**Niveli i vështirësisë: Mesatar**

**Përbërësit:**

- 2 lugë vaj ulliri ekstra të virgjër
- 2 gota qepë të grirë
- 2 thelpinj hudhre, te grira
- ¾ lugë çaji paprika e tymosur
- 1 (14,5 ons) kanaçe domate të prera në kubikë, të kulluara
- 1 (12 oz.) kavanoz speca të kuq të pjekur
- 1 filxhan ullinj të prerë në feta, jeshile ose të zeza
- 1/3 filxhan verë të kuqe të thatë
- ¼ lugë çaji piper i zi i sapo bluar
- ¼ lugë çaji kosher ose kripë deti
- 1½ kilogram fileto merluci, të prera në copa 1 inç
- 3 gota kërpudha të prera në feta

**Itinerari:**

Ngrohni vajin në një tigan. Përzieni qepën dhe gatuajeni për 4 minuta, duke e trazuar herë pas here. Hidhni hudhrën dhe paprikën e tymosur dhe gatuajeni për 1 minutë, duke i përzier shpesh.

Përziejini domatet me lëngun e tyre, specat e pjekur, ullinjtë, verën, piperin dhe kripën dhe kthejini në temperaturë mesatare. Ajo vlon. Shtoni merlucin dhe kërpudhat dhe zvogëloni nxehtësinë në mesatare.

Gatuani për rreth 10 minuta, duke e përzier herë pas here, derisa merluci të zbutet dhe të skuqet lehtë, më pas shërbejeni.

**Lëndët ushqyese (për 100 g):** 220 kalori 8 g yndyrë 3 g karbohidrate 28 g proteina 583 mg natrium

# Midhje të ziera në avull në salcë vere të bardhë

**Koha e përgatitjes: 5 minuta**
**Koha e GATIMIT**: 10 minuta
**Serbimet: 4**
**Niveli i vështirësisë: Vështirë**

**Përbërësit:**

- 2 kilogramë molusqe të vogla
- 1 lugë gjelle vaj ulliri ekstra i virgjër
- 1 filxhan qepë të kuqe të prerë hollë
- 3 thelpinj hudhër, të prera në feta
- 1 filxhan verë të bardhë të thatë
- 2 (¼ inç të trasha) feta limoni
- ¼ lugë çaji piper i zi i sapo bluar
- ¼ lugë çaji kosher ose kripë deti
- Feta limoni të freskët, për servirje (opsionale)

**Itinerari:**

Në një kullesë të madhe në lavaman, derdhni ujë të ftohtë mbi molusqet (por mos i lini molusqet të ulen në ujë të qëndrueshëm). Çdo guaskë duhet të jetë e mbyllur fort; hidhni predha pak të hapura ose të plasaritura. Lërini molusqet në kullesë derisa të jenë gati për t'u përdorur.

Ngrohni vajin në një tigan të madh. Përzieni qepën dhe gatuajeni për 4 minuta, duke e trazuar herë pas here. Hidhni sipër hudhrën dhe ziejini për 1 minutë duke e përzier vazhdimisht. Shtoni verën, fetat e limonit, piper dhe kripë dhe lërini të ziejnë. Gatuani për 2 minuta.

Shtoni molusqet dhe mbulojeni. Gatuani derisa midhjet të hapin lëvozhgat e tyre. Shkundni butësisht tiganin dy ose tre herë gjatë gatimit.

Të gjitha predhat tani duhet të jenë të hapura. Duke përdorur një lugë me vrima, hidhni lëvozhgat që janë ende të mbyllura. Hidhni midhjet e hapura me lugë në një tas të cekët dhe hidhni lëngun sipër. Nëse dëshironi, shërbejeni me feta limoni të freskët.

**Lëndët ushqyese (për 100 g):** 222 kalori 7 g yndyrë 1 g karbohidrate 18 g proteina 708 mg natrium

# Karkaleca portokalli dhe hudhër

**Koha e përgatitjes:** 20 minuta
**Koha e GATIMIT:** 10 minuta
**Serbimet:** 6
**Niveli i vështirësisë:** Vështirë

**Përbërësit:**

- 1 portokall i madh
- 3 lugë vaj ulliri ekstra të virgjër, të ndara
- 1 lugë rozmarinë e freskët e copëtuar
- 1 lugë gjelle trumzë e freskët e copëtuar
- 3 thelpinj hudhër, të prera (rreth 1½ lugë çaji)
- ¼ lugë çaji piper i zi i sapo bluar
- ¼ lugë çaji kosher ose kripë deti
- 1½ paund karkaleca të freskëta të papërpunuara, lëvozhgat dhe bishtat e hequr

**Itinerari:**

Pritini të gjithë portokallin me një rende agrumesh. Përzieni lëkurën e portokallit dhe 2 lugë vaj me rozmarinën, trumzën, hudhrën, piperin dhe kripën. Hidhni karkalecat, mbyllni qesen dhe masazhoni butësisht karkalecat derisa të gjithë përbërësit të përzihen dhe karkalecat të jenë plotësisht të mbuluara me erëza. E lë mënjanë, e injoron.

Ngrohni një skarë, tigan ose një tigan të madh mbi nxehtësinë mesatare. Lyejeni ose rrotullojeni me 1 lugë vaj të mbetur. Shtoni gjysmën e karkalecave dhe gatuajeni për 4-6 minuta, ose derisa karkalecat të marrin ngjyrë rozë dhe të bardhë, duke i kthyer në gjysmë të rrugës nëse piqen në skarë ose duke i trazuar çdo minutë nëse skuqen në tigan. Transferoni karkalecat në një tas të madh. Përsëriteni dhe vendosini në tas.

Ndërsa karkalecat janë duke u gatuar, qëroni portokallin dhe prisni mishin në copa sa kafshatë. Vendosini në një tas dhe sipër hidhni karkaleca të ziera. Shërbejeni menjëherë ose vendoseni në frigorifer dhe shërbejeni të ftohtë.

**Lëndët ushqyese (për 100 g):** 190 kalori 8 g yndyrë 1 g karbohidrate 24 g proteina 647 mg natrium

# Gnocchi karkaleca të skuqura

**Koha e përgatitjes: 10 minuta**
**Koha e GATIMIT**: 20 minuta
**Serbimet: 4**
**Niveli i vështirësisë: Mesatar**

**Përbërësit:**

- 1 filxhan domate të freskëta të copëtuara
- 2 lugë vaj ulliri ekstra të virgjër
- 2 thelpinj hudhre, te grira
- ½ lugë çaji piper i zi i sapo bluar
- ¼ lugë çaji piper i kuq i grimcuar
- 1 (12 oz.) kavanoz speca të kuq të pjekur
- 1 kilogram karkaleca të freskëta të papërpunuara, lëvozhga dhe bishti i hequr
- 1 kilogram njoki të ngrirë (jo të shkrirë)
- ½ filxhan djathë feta të prerë në kubikë
- 1/3 filxhan gjethe të freskëta të borzilokut të grisura

**Itinerari:**

Ngrohni furrën në 425°F. Përzieni në një tigan domatet, vajin, hudhrën, piperin e zi dhe piperin e kuq të grimcuar. Piqeni në furrë për 10 minuta.

Përzieni specat e skuqur dhe karkalecat. Piqni edhe për 10 minuta të tjera derisa karkalecat të jenë rozë dhe të bardhë.

Ndërsa karkalecat janë duke u gatuar, gatuajini njokit në majë të sobës sipas udhëzimeve të paketimit. Kullojeni në një kullesë dhe mbajeni të ngrohtë. Hiqeni tavën nga furra. I përziejmë njokët e ziera, fetën dhe borzilokun dhe i shërbejmë.

**Lëndët ushqyese (për 100 g):** 277 kalori 7 g yndyrë 1 g karbohidrate 20 g proteina 711 mg natrium

# Karkaleca pikante Puttanesca

**Koha e përgatitjes:** 5 minuta
**Koha e GATIMIT:** 15 minuta
**Serbimet:** 4
**Niveli i vështirësisë:** Mesatar

**Përbërësit:**

- 2 lugë vaj ulliri ekstra të virgjër
- 3 fileto açuge të kulluara dhe të grira
- 3 thelpinj hudhër, të prera
- ½ lugë çaji piper i kuq i grimcuar
- 1 (14,5 ons) kanaçe domate të prera në kubikë me pak natrium ose pa kripë
- 1 (2,25 oz.) kanaçe ullinj të zinj
- 2 lugë gjelle kaperi
- 1 lugë gjelle rigon i freskët i grirë
- 1 kilogram karkaleca të freskëta të papërpunuara, lëvozhga dhe bishti i hequr

**Itinerari:**

Ziejeni vajin në zjarr mesatar. Përzieni açugat, hudhrën dhe piperin e kuq të grimcuar. Gatuani për 3 minuta duke i përzier shpesh dhe duke i grirë me lugë druri açugat derisa të shkrihen në vaj.

Përziejini domatet me lëngun e tyre, ullinjtë, kaperin dhe rigonin. Rriteni nxehtësinë në mesatare-të lartë dhe lëreni të vlojë.

Kur salca të fryjë pak, përzieni karkalecat. Kthejeni nxehtësinë në mesatare dhe gatuajini karkalecat derisa të marrin ngjyrë rozë dhe të bardhë, më pas shërbejini.

**Lëndët ushqyese (për 100 g):** 214 kalori 10 g yndyrë 2 g karbohidrate 26 g proteina 591 mg natrium

# Sanduiçe italiane me ton

**Koha e përgatitjes: 10 minuta**
**Koha e GATIMIT**: 0 minuta
**Serbimet: 4**
**Niveli i vështirësisë: Lehtë**

**Përbërësit:**

- 3 lugë gjelle lëng limoni të saposhtrydhur
- 2 lugë vaj ulliri ekstra të virgjër
- 1 thelpi hudhër, e prerë
- ½ lugë çaji piper i zi i sapo bluar
- 2 (5 ons) kanaçe ton, të kulluara
- 1 (2,25 oz.) kanaçe ullinj të prerë në feta
- ½ filxhan kopër të freskët të copëtuar, duke përfshirë gjethet
- 8 feta buke me kore integrale

**Itinerari:**

Përzieni lëngun e limonit, vajin, hudhrën dhe piperin. Shtoni tonin, ullinjtë dhe kopër. Tunin e presim në kubikë me pirun dhe i përziejmë të gjithë përbërësit.

Ndani sallatën me ton në mënyrë të barabartë midis 4 fetave bukë. Përhapeni pjesën e sipërme të secilit me fetat e mbetura të bukës. Lërini sanduiçët të qëndrojnë për të paktën 5 minuta në mënyrë që mbushja e shijshme të zhytet në bukë përpara se t'i shërbeni.

**Lëndët ushqyese (për 100 g):** 347 kalori 17 g yndyrë 5 g karbohidrate 25 g proteina 447 mg natrium

# Mbulesa e sallatës së salmonit me kopër

**Koha e përgatitjes: 10 minuta**
**Koha e GATIMIT:** 10 minuta
**Serbimet: 6**
**Niveli i vështirësisë: Lehtë**

**Përbërësit:**

- 1 kilogram fileto salmon, e gatuar dhe e grirë
- ½ filxhan karota të prera në kubikë
- ½ filxhan selino të prerë në kubikë
- 3 lugë gjelle kopër të freskët të copëtuar
- 3 lugë qepë të kuqe të prera në kubikë
- 2 lugë gjelle kaperi
- 1½ lugë vaj ulliri ekstra i virgjër
- 1 lugë gjelle uthull balsamike të vjetruar
- ½ lugë çaji piper i zi i sapo bluar
- ¼ lugë çaji kosher ose kripë deti
- 4 mbështjellje buke me grurë integrale ose tortilla të buta me grurë integrale

**Itinerari:**

Përzieni salmonin, karotat, selinon, koprën, qepën e kuqe, kaperin, vajin, uthullën, piperin dhe kripën. Ndani sallatën e salmonit në mes të bukëve. Thërrmoni pjesën e poshtme të bukës, më pas rrotulloni mbështjellësin dhe shërbejeni.

**Lëndët ushqyese (për 100 g):** 336 kalori 16 g yndyrë 5 g karbohidrate 32 g proteina 884 mg natrium

# Byrek pice me molusqe të bardhë

**Koha e përgatitjes: 10 minuta**

**Koha e GATIMIT**: 20 minuta

**Serbimet: 4**

**Niveli i vështirësisë: Vështirë**

**Përbërësit:**

- 1 kilogram brumë pica e freskët e ftohur
- Sprej gatimi që nuk ngjit
- 2 lugë vaj ulliri ekstra të virgjër, të ndara
- 2 thelpinj hudhër, të prera imët (rreth 1 lugë çaji)
- ½ lugë çaji piper i kuq i grimcuar
- 1 (10 ons) kanaçe molusqe të plota, të kulluara
- ¼ filxhan verë të bardhë të thatë
- Miell universal, për pluhurosje
- 1 filxhan djathë mocarela të prerë në kubikë
- 1 lugë gjelle djathë Pecorino Romano ose Parmixhan i grirë
- 1 lugë gjelle majdanoz të freskët me gjethe të sheshta (italian) të copëtuar

**Itinerari:**

Ngrohni furrën në 500°F. Lyejeni një fletë të madhe pjekjeje me buzë me llak gatimi që nuk ngjit.

Ngrohni 1½ lugë vaj në një tigan të madh. Shtoni hudhrën dhe specin e kuq të grimcuar dhe ziejini për 1 minutë, duke e përzier shpesh që hudhra të mos digjet. Shtoni lëngun e rezervuar të molusqeve dhe verën. Lëreni të vlojë në zjarr të lartë. Ulni nxehtësinë në mesatare në mënyrë që salca të ziejë dhe gatuajeni, duke e përzier herë pas here, për 10 minuta. Salca do të gatuhet dhe do të trashet.

Vendosni molusqet dhe gatuajini për 3 minuta, duke i përzier herë pas here. Ndërsa salca është duke u gatuar, në një sipërfaqe të lyer pak me miell, përdorni një okllai ose shtrijeni me dorë për të formuar brumin e picës në një rreth 12 inç ose një drejtkëndësh 10 me 12 inç. Vendoseni brumin në fletën e përgatitur për pjekje. Lyejeni brumin me ½ lugë gjelle vaj të mbetur. Lëreni mënjanë derisa salca e molusqeve të jetë gati.

Përhapeni salcën e molusqeve mbi brumin e përgatitur deri në ½ inç nga skaji. E spërkasim sipër me djathë mocarela, më pas e spërkasim me Pecorino Romano.

Piqeni për 10 minuta. Hiqeni picën nga furra dhe vendoseni në një dërrasë prerëse prej druri. Spërkateni sipër me majdanoz, priteni në tetë pjesë me një prestar picash ose një thikë të mprehtë dhe shërbejeni.

**Lëndët ushqyese (për 100 g):** 541 kalori 21 g yndyrë 1 g karbohidrate 32 g proteina 688 mg natrium

# Pjatë peshku me fasule të pjekur

**Koha e përgatitjes: 10 minuta**

**Koha e GATIMIT: 10 minuta**

**Serbimet: 4**

**Niveli i vështirësisë: Lehtë**

### Përbërësit:

- 1 luge uthull balsamike
- 2 1/2 gota fasule jeshile
- 1 litër domate qershi ose rrushi
- 4 (4 ons secila) fileto peshku, të tilla si merluci ose tilapia
- 2 lugë vaj ulliri

### Itinerari:

Ngroheni furrën në 400 gradë. Lyejmë dy fletë pjekjeje me vaj ulliri ose spërkatje me vaj ulliri. Në secilën fletë vendosni 2 fileto peshku. Hidhni vaj ulliri dhe uthull në një tas për përzierje. I trazojmë që të përzihen mirë.

Përzieni bishtajat dhe domatet. I trazojmë që të përzihen mirë. Përziejini mirë të dyja përzierjet. Shtoni përzierjen në mënyrë të barabartë te filetot e peshkut. Piqeni për 6-8 minuta derisa peshku të jetë i errët dhe të thekon lehtësisht. Shërbejeni të ngrohtë.

**Lëndët ushqyese (për 100 g):** 229 kalori 13 g yndyrë 8 g karbohidrate 2,5 g proteina 559 mg natrium

# Merak me merluc me kërpudha

**Koha e përgatitjes: 10 minuta**
**Koha e GATIMIT**: 20 minuta
**Serbimet: 6**
**Niveli i vështirësisë: Lehtë**

**Përbërësit:**

- 2 lugë vaj ulliri ekstra të virgjër
- 2 thelpinj hudhre, te grira
- 1 kanaçe me domate
- 2 gota qepë të grirë
- ¾ lugë çaji paprika e tymosur
- një kavanoz (12 ons) me speca të kuq të pjekur
- 1/3 filxhan verë të kuqe të thatë
- ¼ lugë çaji kosher ose kripë deti
- ¼ lugë çaji piper i zi
- 1 filxhan ullinj të zi
- 1 ½ paund fileto merluci, të prera në copa 1 inç
- 3 gota kërpudha të prera në feta

**Itinerari:**

Merrni një tenxhere me madhësi mesatare, ngrohni vajin në nxehtësi mesatare. Shtoni qepën dhe gatuajeni, duke e trazuar, për 4 minuta. Shtoni hudhrën dhe paprikën e tymosur; Gatuani për 1 minutë, duke e përzier shpesh. Shtoni domate me lëng, speca të pjekur, ullinj, verë, piper dhe kripë; përzieni butësisht. Lëreni përzierjen të ziejë. Shtoni merlucin dhe kërpudhat; zvogëloni nxehtësinë në mesatare. Mbulojeni dhe gatuajeni derisa merluci të skuqet lehtë, duke e trazuar në mes. Shërbejeni të ngrohtë.

**Lëndët ushqyese (për 100 g):** 238 kalori 7 g yndyrë 15 g karbohidrate 3,5 g proteina 772 mg natrium

# Peshku shpatë pikant

**Koha e përgatitjes: 10 minuta**
**Koha e GATIMIT**: 15 minuta
**Serbimet: 4**
**Niveli i vështirësisë: Mesatar**

**Përbërësit:**

- 4 biftekë peshku shpatë (7 ons secili).
- 1/2 lugë çaji piper i zi i bluar
- 12 thelpinj hudhër, të qëruara
- 3/4 lugë çaji kripë
- 1 1/2 lugë çaji qimnon i bluar
- 1 lugë çaji paprika
- 1 lugë çaji koriandër
- 3 lugë gjelle lëng limoni
- 1/3 filxhan vaj ulliri

**Itinerari:**

Merrni një blender ose procesor ushqimi, hapni kapakun dhe shtoni të gjithë përbërësit përveç peshkut shpatë. Mbyllni kapakun dhe përzieni derisa të jetë e qetë. Fileto peshku të thatë; mbulojeni në mënyrë të barabartë me përzierjen e përgatitur të erëzave.

Vendoseni në letër alumini, mbulojeni dhe vendoseni në frigorifer për 1 orë. Ngroheni një tigan në zjarr të fortë, derdhni vaj dhe ngroheni. Shtoni fileto peshku; skuqeni për 5-6 minuta nga secila anë, derisa të gatuhet dhe të skuqet në mënyrë të barabartë. Shërbejeni të ngrohtë.

**Lëndët ushqyese (për 100 g):** 255 kalori 12 g yndyrë 4 g karbohidrate 0,5 g proteina 990 mg natrium

# Mania e makaronave me açuge

**Koha e përgatitjes: 10 minuta**
**Koha e GATIMIT:** 20 minuta
**Serbimet: 4**
**Niveli i vështirësisë: Lehtë**

**Përbërësit:**

- 4 fileto açuge, të mbështjella me vaj ulliri
- ½ kile brokoli, i prerë në lule 1 inç
- 2 thelpinj hudhre, te prera ne feta
- 1 kilogram pene gruri integral
- 2 lugë vaj ulliri
- ¼ filxhan djathë parmixhano, i grirë
- Kripë dhe piper të zi, për shije
- Thekon piper të kuq, për shije

**Itinerari:**

Gatuani makaronat sipas udhëzimeve në paketim; e kullojmë dhe e lëmë mënjanë. Merrni një tigan ose tigan mesatar, shtoni vaj. Ngroheni mbi nxehtësinë mesatare. Shtoni açugat, brokolin dhe hudhrën dhe ziejini duke i trazuar për 4-5 minuta derisa perimet të zbuten. Hiqeni nga nxehtësia; trazojeni brumin. Shërbejeni të ngrohtë me djathë parmixhano, speca të kuq, kripë dhe piper të zi të spërkatur sipër.

**Lëndët ushqyese (për 100 g):** 328 kalori 8 g yndyrë 35 g karbohidrate 7 g proteina 834 mg natrium

## Makarona me karkaleca dhe hudhër

**Koha e përgatitjes:** 10 minuta
**Koha e GATIMIT:** 15 minuta
**Serbimet:** 4
**Niveli i vështirësisë:** Lehtë

**Përbërësit:**

- 1 kilogram karkaleca, të qëruara dhe të deveruara
- 3 thelpinj hudhër, të prera
- 1 qepë e grirë hollë
- 1 pako makarona me drithëra ose fasule sipas dëshirës
- 4 lugë vaj ulliri
- Kripë dhe piper të zi, për shije
- ¼ filxhan borzilok, i prerë në rripa
- ¾ filxhan lëng pule me pak natrium

**Itinerari:**

Gatuani makaronat sipas udhëzimeve në paketim; shpëlajeni dhe lëreni mënjanë. Merrni një tigan mesatar, shtoni vaj dhe ngrohni në zjarr mesatar. Shtoni qepën dhe hudhrën dhe gatuajeni, duke e trazuar, për 3 minuta derisa të jenë të tejdukshme dhe aromatike.

Shtoni karkaleca, piper të zi (të bluar) dhe kripë; gatuajeni, duke e trazuar, për 3 minuta, derisa karkalecat të bëhen të errëta. Shtoni lëngun dhe ziejini për 2-3 minuta të tjera. Shtoni brumin në pjatat e shërbimit; shtoni përzierjen e karkalecave; Shërbejeni të ngrohtë me borzilok sipër.

**Lëndët ushqyese (për 100 g):** 605 kalori 17 g yndyrë 53 g karbohidrate 19 g proteina 723 mg natrium

# Salmoni me mjaltë me uthull

**Koha e përgatitjes: 10 minuta**

**Koha e GATIMIT**: 5 minuta

**Serbimet: 4**

**Niveli i vështirësisë: Lehtë**

**Përbërësit:**

- 4 (8 oz.) fileto salmoni
- 1/2 filxhan uthull balsamike
- 1 lugë gjelle mjaltë
- Piper i zi dhe kripë, për shije
- 1 luge vaj ulliri

**Itinerari:**

Përzieni mjaltin dhe uthullën. I trazojmë që të përzihen mirë.

E rregullojmë fileton e peshkut me piper të zi (të bluar) dhe kripë deti; lyhet me glazurë mjalti. Merrni një tigan ose tigan mesatar, shtoni vaj. Ngroheni mbi nxehtësinë mesatare. Shtoni filetot e salmonit dhe gatuajeni, duke e trazuar, derisa të rrallohen në qendër dhe të skuqen lehtë, 3-4 minuta për anë. Shërbejeni të ngrohtë.

**Lëndët ushqyese (për 100 g):** 481 kalori 16 g yndyrë 24 g karbohidrate 1,5 g proteina 673 mg natrium

# Ushqimi i peshkut portokalli

**Koha e përgatitjes: 10 minuta**
**Koha e GATIMIT**: 5 minuta
**Serbimet: 4**
**Niveli i vështirësisë: Lehtë**

**Përbërësit:**

- ¼ lugë çaji kosher ose kripë deti
- 1 lugë gjelle vaj ulliri ekstra i virgjër
- 1 lugë gjelle lëng portokalli
- 4 fileto tilapia (4 ons), me ose pa lëkurë
- ¼ filxhan qepë të kuqe të copëtuar
- 1 avokado, pa koriza, të qëruara dhe të prera në feta

**Itinerari:**

Merrni një enë pjekjeje 9 inç; shtoni vaj ulliri, lëng portokalli dhe kripë. Kombinoje mirë. Shtoni fileton e peshkut dhe lyejeni mirë. Shtoni qepën në fileton e peshkut. Mbulojeni me film plastik. Vendoseni në mikrovalë për 3 minuta derisa peshku të jetë gatuar dhe të skuqet lehtë. Shërbejeni të ngrohtë, të lyer me avokado të prerë në feta.

**Lëndët ushqyese (për 100 g):** 231 kalori 9 g yndyrë 8 g karbohidrate 2,5 g proteina 536 mg proteina

# Zoodles karkaleca

**Koha e përgatitjes: 10 minuta**
**Koha e GATIMIT:** 5 minuta
**Serbimet: 2**
**Niveli i vështirësisë: Lehtë**

**Përbërësit:**

- 2 lugë majdanoz të grirë
- 2 lugë çaji hudhër të grirë
- 1 lugë çaji kripë
- ½ lugë çaji piper i zi
- 2 kunguj të njomë të mesëm, të spiralizuara
- 3/4 kilogramë karkaleca të mesme, të qëruara dhe të deveruara
- 1 luge vaj ulliri
- në lëngun dhe lëkurën e 1 limoni

**Itinerari:**

Merrni një tigan ose tigan mesatar, shtoni vajin, lëngun e limonit, lëkurën e limonit. Ngroheni mbi nxehtësinë mesatare. Shtoni karkalecat dhe gatuajeni për 1 minutë në çdo anë. Ziejini hudhrat dhe specin e kuq edhe për 1 minutë. Shtoni Zoodles dhe përzieni butësisht; Gatuani për 3 minuta derisa të gatuhet. E rregullojmë mirë, e servirim të nxehtë me majdanoz sipër.

**Lëndët ushqyese (për 100 g):** 329 kalori 12 g yndyrë 11 g karbohidrate 3 g proteina 734 mg natrium

## Gjellë me troftë asparagus

**Koha e përgatitjes: 10 minuta**
**Koha e GATIMIT:** 20 minuta
**Serbimet: 4**
**Niveli i vështirësisë: Lehtë**

**Përbërësit:**

- 2 kilogram fileto trofte
- 1 kilogram asparagus
- Kripë dhe piper të bardhë të bluar, për shije
- 1 luge vaj ulliri
- 1 thelpi hudhër, e grirë imët
- 1 qepe e prerë hollë (pjesa jeshile dhe e bardhë)
- 4 patate mesatare të arta, të prera hollë
- 2 domate rome, te prera
- 8 ullinj Kalamata pa kore, te grira
- 1 karotë e madhe, e prerë në feta hollë
- 2 lugë majdanoz të thatë
- ¼ filxhan qimnon i bluar
- 2 lugë paprika
- 1 lugë erëza supë perimesh
- ½ filxhan verë të bardhë të thatë

**Itinerari:**

Shtoni fileton e peshkut, piperin e bardhë dhe kripën në një tas. I trazojmë që të përzihen mirë. Merrni një tigan ose tigan mesatar, shtoni vaj. Ngroheni mbi nxehtësinë mesatare. Shtoni shpargujt, patatet, hudhrën dhe qepët e bardha dhe ziejini duke e trazuar për 4-5 minuta derisa të zbuten. Shtoni domate, karota dhe ullinj; gatuajeni, duke e trazuar, për 6-7 minuta derisa të zbuten. Shtoni qimnonin, paprikën, majdanozin, erëzat e lëngut dhe kripën. Përziejini mirë masën.

Hidhni verën e bardhë dhe fileton e peshkut. Ziejeni të mbuluar në zjarr të ulët për rreth 6 minuta derisa peshku të skuqet lehtësisht, duke e përzier në mes. Shërbejeni të ngrohtë, të lyer me qepë të njoma.

**Lëndët ushqyese (për 100 g):** 303 kalori 17 g yndyrë 37 g karbohidrate 6 g proteina 722 mg natrium

# Tun ulliri kale

**Koha e përgatitjes: 10 minuta**
**Koha e GATIMIT:** 15 minuta
**Serbimet: 6**
**Niveli i vështirësisë: Mesatar**

**Përbërësit:**

- 1 filxhan qepë të grirë
- 3 thelpinj hudhër, të prera
- 1 (2,25 ons) kanaçe ullinj të prerë në feta, të kulluara
- 1 kilogram lakër jeshile, e grirë
- 3 lugë vaj ulliri ekstra të virgjër
- ¼ filxhan kaperi
- ¼ lugë çaji piper i kuq i grimcuar
- 2 lugë çaji sheqer
- 1 (15 ons) kanaçe fasule kanelini
- 2 (6 oz.) kanaçe ton në vaj ulliri, të pa kulluar
- ¼ lugë çaji piper i zi
- ¼ lugë çaji kosher ose kripë deti

**Itinerari:**

Thith lakra jeshile në ujë të vluar për 2 minuta; e kullojmë dhe e lëmë mënjanë. Merrni një tenxhere ose tigan me madhësi mesatare, ngrohni vajin mbi nxehtësinë mesatare. Shtoni qepën dhe gatuajeni, duke e trazuar, derisa të jetë e tejdukshme dhe e butë. Shtoni hudhrën dhe gatuajeni, duke e trazuar, për 1 minutë derisa të marrë aromë.

Shtoni ullinjtë, kaperin dhe piperin e kuq dhe gatuajeni duke e trazuar për 1 minutë. Përzieni lakër jeshile të gatuar dhe sheqerin. Ziejini të mbuluara në zjarr të ulët për rreth 8-10 minuta, duke e përzier në mes. Shtoni tonin, fasulet, piperin dhe kripën. Përziejini mirë dhe shërbejeni të ngrohtë.

**Lëndët ushqyese (për 100 g):** 242 kalori 11 g yndyrë 24 g karbohidrate 7 g proteina 682 mg natrium

# Karkalecat pikante rozmarine

**Koha e përgatitjes: 10 minuta**

**Koha e GATIMIT**: 10 minuta

**Serbimet: 6**

**Niveli i vështirësisë: Lehtë**

**Përbërësit:**

- 1 portokall i madh, i qëruar dhe i prerë
- 3 thelpinj hudhër, të prera
- 1 ½ paund karkaleca të papërpunuara, lëvozhgat dhe bishtat u hoqën
- 3 lugë vaj ulliri
- 1 lugë gjelle trumzë e grirë hollë
- 1 lugë rozmarinë e grirë
- ¼ lugë çaji piper i zi
- ¼ lugë çaji kosher ose kripë deti

**Itinerari:**

Merrni një qese plastike me zinxhir, shtoni lëvozhgë portokalli, karkaleca, 2 lugë vaj ulliri, hudhër, trumzë, rozmarinë, kripë dhe piper të zi. Tundeni mirë dhe lërini mënjanë të marinohen për 5 minuta.

Merrni një tigan ose tigan mesatar, shtoni 1 lugë vaj ulliri. Ngroheni mbi nxehtësinë mesatare. Shtoni karkaleca dhe skuqini për 2-3 minuta nga çdo anë derisa të jenë plotësisht rozë dhe të errët. Pritini portokallin në copa sa një kafshatë dhe vendoseni në një tas. Shtoni karkalecat dhe përziejini mirë. Shërbejeni të freskët.

**Lëndët ushqyese (për 100 g):** 187 kalori 7 g yndyrë 6 g karbohidrate 0,5 g proteina 673 mg natrium

# Salmoni me shparg

**Koha e përgatitjes: 10 minuta**
**Koha e GATIMIT**: 15 minuta
**Serbimet: 2**
**Niveli i vështirësisë: Lehtë**

**Përbërësit:**

- 8,8 oz tufë asparagus
- 2 fileto të vogla salmon
- 1 ½ lugë çaji kripë
- 1 lugë çaji piper i zi
- 1 luge vaj ulliri
- 1 filxhan salcë holandeze, me pak karbohidrate

**Itinerari:**

E rregullojmë mirë fileton e salmonit. Merrni një tigan ose tigan mesatar, shtoni vaj. Ngroheni mbi nxehtësinë mesatare.

Shtoni fileton e salmonit dhe skuqeni në mënyrë të barabartë dhe gatuajeni për 4-5 minuta nga çdo anë. Shtoni shpargujt dhe zijini duke i trazuar edhe për 4-5 minuta të tjera. Shërbejeni të ngrohtë me salcë holandez sipër.

**Lëndët ushqyese (për 100 g):** 565 kalori 7 g yndyrë 8 g karbohidrate 2,5 g proteina 559 mg natrium

# Sallatë me arra ton

**Koha e përgatitjes: 10 minuta**
**Koha e GATIMIT**: 0 minuta
**Serbimet: 4**
**Niveli i vështirësisë: Lehtë**

**Përbërësit:**

- 1 lugë gjelle tarragon të grirë imët
- 1 kërcell selino, të prerë dhe të grirë hollë
- 1 qepë e mesme, e prerë në kubikë
- 3 lugë gjelle qiqra të grira
- 1 (5 oz) kanaçe ton (e mbuluar me vaj ulliri), e kulluar dhe e grirë
- 1 lugë çaji mustardë Dijon
- 2-3 lugë majonezë
- 1/4 lugë çaji kripë
- 1/8 lugë çaji piper
- 1/4 filxhan arra pishe, të thekura

**Itinerari:**

Në një tas të madh sallate shtoni tonin, qepujt, qiqrat, tarragonin dhe selinon. I trazojmë që të përzihen mirë. Në një enë për përzierje shtoni majonezën, mustardën, kripën dhe piperin e zi. I trazojmë që të përzihen mirë. Shtoni përzierjen e majonezës në tasin e sallatës; i trazojmë mirë që të bashkohen. Shtoni arrat e pishës dhe hidhini sërish. Shërbejeni të freskët.

**Lëndët ushqyese (për 100 g):** 236 kalori 14 g yndyrë 4 g karbohidrate 1 g proteina 593 mg natrium

# Supë kremoze me karkaleca

**Koha e përgatitjes: 10 minuta**

**Koha e GATIMIT**: 35 minuta

**Serbimet: 6**

**Niveli i vështirësisë: Mesatar**

**Përbërësit:**

- 1 kilogram karkaleca të mesëm, të qëruar dhe të deveinuar
- 1 presh, pjesë të bardha dhe jeshile të hapura, të prera në feta
- 1 qepë me kopër mesatare, e grirë hollë
- 2 lugë vaj ulliri
- 3 kërcell selino, të prera
- 1 thelpi hudhër, e prerë
- Kripë deti dhe piper i bluar për shije
- 4 gota lëng perimesh ose pule
- 1 lugë gjelle fara kopër
- 2 lugë krem i lehtë
- Lëng nga 1 limon

**Itinerari:**

Merrni një tenxhere me madhësi mesatare ose furrë holandeze, ngrohni vajin mbi nxehtësinë mesatare. Shtoni selinon, preshin dhe kopër dhe gatuajeni, duke i trazuar, derisa perimet të zbuten dhe të skuqen, rreth 15 minuta. Shtoni hudhër; sezonin për shije me piper të zi dhe kripë deti. Shtoni farat e koprës dhe përzieni.

Hidhni lëngun mbi të dhe lëreni të ziejë. Zieni në zjarr të ulët për rreth 20 minuta, duke e përzier në mes. Shtoni karkalecat dhe gatuajeni për 3 minuta derisa të marrin ngjyrë rozë. Përziejini me kremin dhe lëngun e limonit; shërbejeni të ngrohtë.

**Lëndët ushqyese (për 100 g):** 174 kalori 5 g yndyrë 9,5 g karbohidrate 2 g proteina 539 mg natrium

# Salmon pikant me quinoa perimesh

**Koha e përgatitjes: 30 minuta**

**Koha e GATIMIT**: 10 minuta

**Serbimet: 4**

**Niveli i vështirësisë: Vështirë**

**Përbërësit:**

- 1 filxhan quinoa të papërpunuar
- 1 lugë çaji kripë, e ndarë në gjysmë
- ¾ filxhan kastravec, farat e hequra, të prera në kubikë
- 1 filxhan domate qershi, të përgjysmuara
- ¼ filxhan qepë të kuqe, të grirë
- 4 gjethe borziloku të freskët të prerë në feta të holla
- Lëkura e një limoni
- ¼ lugë çaji piper i zi
- 1 lugë çaji qimnon
- ½ lugë çaji paprika
- 4 (5 oz.) fileto salmoni
- 8 feta limoni
- ¼ filxhan majdanoz të freskët, të grirë

**Itinerari:**

Në një tenxhere të mesme, shtoni quinoan, 2 gota ujë dhe ½ lugë çaji kripë. I ngrohim këto derisa uji të vlojë, më pas ulim temperaturën derisa të vlojë. Mbulojeni tiganin dhe lëreni të gatuhet për 20 minuta, ose derisa të thotë paketa e quinoas. Fikni djegësin nën quinoa dhe lëreni të qëndrojë i mbuluar për të paktën 5 minuta të tjera përpara se ta shërbeni.

Pak para se ta servirni, shtoni qepën, domaten, kastravecin, gjethet e borzilokut dhe lëkurën e limonit në quinoa, më pas përzieni gjithçka butësisht me një lugë. Ndërkohë (ndërsa kuinoa është duke u gatuar), përgatisni salmonin. Ndizni broilerin e furrës në të lartë dhe kontrolloni për një raft në fund të furrës. Vendosni përbërësit e mëposhtëm në një tas të vogël: piper i zi, ½ lugë çaji kripë, qimnon dhe paprika. Përziejini ato së bashku.

Vendosni fletë metalike mbi një gotë ose fletë pjekje alumini dhe spërkateni me llak gatimi që nuk ngjit. Vendosni fileton e salmonit në fletë metalike. Fërkoni përzierjen e erëzave mbi çdo fileto (rreth ½ lugë çaji përzierje erëzash për fileto). Shtoni copat e limonit në skajin e tiganit pranë salmonit.

Gatuani salmonin nën brojler për 8-10 minuta. Qëllimi është që salmoni të ndahet lehtësisht me një pirun. Spërkateni salmonin me majdanoz, më pas shërbejeni me copa limoni dhe majdanoz perimesh. Kënaquni!

**Lëndët ushqyese (për 100 g):** 385 kalori 12,5 g yndyrë 32,5 g karbohidrate 35,5 g proteina 679 mg natrium

# Troftë mustardë me mollë

**Koha e përgatitjes:** 15 minuta
**Koha e GATIMIT:** 55 minuta
**Serbimet:** 2
**Niveli i vështirësisë:** Vështirë

**Përbërësit:**

- 1 luge vaj ulliri
- 1 qepe e vogël, e grirë
- 2 Mollë Zonja, të përgjysmuara
- 4 fileto troftë, 3 okë secila
- 1 1/2 lugë gjelle thërrime buke, të lëmuara dhe të imta
- 1/2 lugë çaji trumzë, e freskët dhe e grirë hollë
- 1/2 lugë gjalpë i shkrirë dhe pa kripë
- 1/2 filxhan musht
- 1 lugë çaji sheqer kafe të hapur
- 1/2 lugë mustardë Dijon
- 1/2 lugë gjelle kaperi, të shpëlarë
- Kripë deti dhe piper i zi për shije

**Itinerari:**

Ngroheni furrën në 375 gradë, më pas nxirrni një tas të vogël. Përzieni thërrimet e bukës, qepët dhe trumzën përpara se t'i shijoni me kripë dhe piper.

Shtoni gjalpin dhe përziejini mirë.

Vendosni mollët me anën e prerë lart në një tepsi, më pas spërkatini me sheqer. Sipër vendosim thërrime buke dhe më pas hedhim gjysmën e mushtit rreth mollëve duke e mbuluar enën. Piqeni për gjysmë ore.

Mbulojeni dhe piqni edhe për njëzet minuta të tjera. Mollët duhet të jenë të buta, por thërrimet duhet të jenë krokante. Hiqni mollët nga furra.

Ndizni broilerin, më pas ngrijeni raftin katër inç. Rrihni troftën, më pas e rregulloni me kripë dhe piper. Lyejeni një tepsi me vaj dhe vendosni lëkurën e troftës lart. Lyejeni vajin e mbetur mbi lëkurë dhe piqni për gjashtë minuta. Përsëriteni për mollën në raft pak poshtë troftës. Kjo parandalon djegien e thërrimeve dhe duhen vetëm dy minuta për t'u ngrohur.

Merrni një tigan dhe përzieni pjesën e mbetur të mushtit, kaperit dhe mustardës. Nëse është e nevojshme, shtoni më shumë musht për ta holluar dhe gatuajeni për pesë minuta mbi nxehtësinë mesatare-të lartë. Duhet të ketë një konsistencë të ngjashme me salcën. Hidhni me lugë lëngun mbi peshk dhe shërbejeni me një mollë në secilën pjatë.

**Lëndët ushqyese (për 100 g):** 366 kalori 13 g yndyrë 10 g karbohidrate 31 g proteina 559 mg natrium

# Gnocchi me karkaleca

**Koha e përgatitjes: 5 minuta**
**Koha e GATIMIT**: 15 minuta
**Serbimet: 4**
**Niveli i vështirësisë: Vështirë**

**Përbërësit:**

- 1/2 paund. karkaleca, të qëruara dhe të deveinuara
- 1/4 filxhani qepë, të prera në feta
- 1/2 lugë gjelle + 1 lugë çaji vaj ulliri
- Gnocchi i qëndrueshëm në raft 8 oz
- 1/2 tufë asparagus, të prerë në të tretat
- 3 lugë djathë parmixhano
- 1 lugë gjelle lëng limoni, i freskët
- 1/3 filxhan lëng pule
- Kripë deti dhe piper i zi për shije

**Itinerari:**

Filloni duke ngrohur gjysmë luge vaj në zjarr mesatar, më pas shtoni njokit. Gatuani, duke i përzier shpesh, derisa të jenë të trasha dhe të marrin ngjyrë kafe të artë. Kjo zgjat shtatë deri në dhjetë minuta. Vendosini ato në një tas.

Ngroheni lugën e mbetur të vajit me qepujt dhe ziejini derisa të fillojnë të marrin ngjyrë kafe. Sigurohuni që ta trazoni, por do të duhen dy minuta. Përzieni lëngun përpara se të shtoni shpargun. Mbulojeni dhe gatuajeni për tre deri në katër minuta.

Shtoni karkalecat, i rregulloni me kripë dhe piper. Gatuani derisa të marrin ngjyrë rozë dhe të gatuhen, gjë që duhet të zgjasë rreth katër minuta.

Kthejini njokit në tigan me lëng limoni dhe ziejini edhe për dy minuta të tjera. Përziejini mirë dhe hiqeni nga zjarri.

Spërkateni me parmixhan dhe lëreni të qëndrojë për dy minuta. Djathi duhet të shkrihet. Shërbejeni të ngrohtë.

**Lëndët ushqyese (për 100 g):** 342 kalori 11 g yndyrë 9 g karbohidrate 38 g proteina 711 mg natrium

# Karkaleca Saganaki

**Koha e përgatitjes: 15 minuta**
**Koha e GATIMIT**: 30 minuta
**Serbimet: 2**
**Niveli i vështirësisë: Mesatar**

**Përbërësit:**

- 1/2 paund. Karkaleca në guaskë
- 1 qepë e vogël, e grirë hollë
- 1/2 filxhan verë të bardhë
- 1 lugë majdanoz i freskët dhe i grirë hollë
- 8 ons domate, të konservuara dhe të prera në kubikë
- 3 lugë vaj ulliri
- 4 onca djathë feta
- Kub me kripë
- Piper i zi i grirë
- 14 lugë çaji hudhër pluhur

**Itinerari:**

Merrni një tigan dhe shtoni rreth dy centimetra ujë dhe lëreni të vlojë. Ziejeni për pesë minuta, më pas kullojeni, por rezervoni lëngun. Lërini mënjanë karkalecat dhe lëngun.

Më pas ngrohni dy lugë vaj dhe kur të jetë nxehtë shtoni qepën. Gatuani derisa qepa të bëhet e tejdukshme. Hidhni majdanozin, hudhrën, verën, vajin e ullirit dhe domatet. Ziejeni për gjysmë ore dhe përzieni derisa të trashet.

Hiqni këmbët e karkalecave, hiqni lëvozhgën, kokën dhe bishtin. Shtoni karkalecat dhe lëngun e karkalecave në salcë pasi të jetë trashur. Gatuani për pesë minuta, më pas shtoni djathin feta. Lëreni të qëndrojë derisa djathi të fillojë të shkrihet dhe më pas shërbejeni të ngrohtë.

**Lëndët ushqyese (për 100 g):** 329 kalori 14 g yndyrë 10 g karbohidrate 31 g proteina 449 mg natrium

# Salmoni i Mesdheut

**Koha e përgatitjes: 10 minuta**

**Koha e GATIMIT**: 20 minuta

**Serbimet: 2**

**Niveli i vështirësisë: Lehtë**

**Përbërësit:**

- 2 fileto salmon, pa lëkurë dhe 6 oz secila
- 1 filxhan domate qershi
- 1 lugë gjelle kaperi
- 1/4 filxhan kungull i njomë, i grirë imët
- 1/8 lugë çaji piper i zi
- 1/8 lugë çaji kripë deti, e imët
- 1/2 lugë vaj ulliri
- 1,25 ons ullinj të pjekur, të prerë në feta

**Itinerari:**

Ngroheni furrën në 425 gradë dhe spërkatni peshkun nga të dyja anët me kripë dhe piper. Vendoseni peshkun në një shtresë të vetme në fletën e pjekjes pasi ta lyeni fletën e pjekjes me llak gatimi.

Përziejini domatet dhe përbërësit e tjerë, hidhni masën me lugë mbi fileto, më pas piqini për njëzet e dy minuta. Shërbejeni të ngrohtë.

**Lëndët ushqyese (për 100 g):** 322 kalori 10 g yndyrë 15 g karbohidrate 31 g proteina 493 mg natrium

www.ingramcontent.com/pod-product-compliance
Lightning Source LLC
Chambersburg PA
CBHW071426080526
44587CB00014B/1750